D0990109

ב"ה

KITZUR DINEI TAHARAH

A Digest of the Niddah Laws
Following the Rulings
of the Rebbes of Chabad

ଓ ୫ଠ

Compiled By Members of
Kolel Menachem
under the auspices of the
Secretariat of the Lubavitcher Rebbe זי"ע

Translated By
Rabbi Yosef Loebenstein
and
Rabbi Sholom B. Wineberg

Published & Copyright by
KEHOT PUBLICATION SOCIETY
770 Eastern Parkway • Brooklyn, New York 11213

5760 • 2000

KITZUR DINEI TAHARAH

Copyright © 1983
Second Edition 1983, Third Edition 1988
Fourth Printing 1997
Fifth Printing 2000
by
Kehot Publication Society
770 Eastern Parkway / Brooklyn, New York 11213
(718) 774-4000 / FAX (718) 774-2718

Order Department:
291 Kingston Avenue / Brooklyn, New York 11213
(719) 778-0226 / FAX (718) 778-4148
www.kehotonline.com

Library of Congress Catalog Number: 83-82007

ISBN 0-8266-5427-4

Printed in the United States of America

Table of Contents

Foreword
(To the first English edition)

Kitzur Dinei Taharah is published upon the directive of the Lubavitcher Rebbe שליט"א. It is a summary of the *Niddah* laws, following the halachic rulings of the Lubavitcher Rebbeim — the Alter Rebbe, the Tzemach Tzedek, etc.

This summary presents only the basic laws, and does not discuss problems which may arise in various circumstances.

It must be emphasized that this book cannot in any way replace the study of these laws and their reasons at their source, especially in the *Shulchan Aruch* of the Alter Rebbe. The purpose of this book is to serve as a summary, or at least to offer a basic knowledge of this important topic to those who, for whatever reason, find it difficult to learn these laws at their source.

The summary was compiled by the members of the Kollel which is under the auspices of the secretariat of the Lubavitcher Rebbe שליט"א. (These names are listed on page vi). Supervising authority was Harav Yosef Avrohom Halevi Heller שליט"א, Rosh Mesivtah of the Kollel.

Our thanks to Hagaon Harav Zalman Shimon Dworkin שליט"א [of blessed memory], Av Bais Din of Rabbonei Lubavitch and Rosh Hakollel; to Hagaon Harav Yitzchok Hakohen Hendel שליט"א, Av Bais Din of Montreal; and to Hagaon Harav Avrohom Tzvi Hakohen שליט"א, Rosh Hakollel of Kfar Chabad, for their review of this book, and their important comments.

The English translation of this book was rendered by Rabbi Yosef Loebenstein, and edited by Rabbi Yosef Gourarie.

It is our hope that this book strengthen the scrupulous observance of the laws of Family Purity, which forms the foundation of our people. This will hasten the fulfillment of the promise, "I will sprinkle purifying waters upon you, and you shall be pure" — with the coming of our righteous redeemer, speedily in our days.

The Editorial Board

24th of Teves, 5743

*

Foreword
(To the third English edition)

We are hereby publishing a third English edition of *Kitzur Dinei Taharah.*

Many of the chapters have been entirely rewritten in this edition. Other chapters have had added to them many laws not included in the previous editions. Many printing errors have also been eliminated.

We have added at the beginning of the book [a free translation of] *Sichos* and letters of the Lubavitcher Rebbe, Rabbi Menachem M. Schneerson שליט"א, excerpted from *Likkutei Sichos,* relating to the study and observance of the laws of family purity.

There also appears a [free translation of a] letter from the Previous Lubavitcher Rebbe, Rabbi Yosef I. Schneersohn, of blessed memory, in which he addresses himself to the necessity of publishing a book such as this.

The current Hebrew edition of this book was edited by Rabbis Nisan D. Dubov and Levi Y. Garelik.

The English translation of this edition was rendered by Rabbi Sholom B. Wineberg, and edited by Rabbi Berel Bell. Much of it is based on the original translation by Rabbi Yosef Loebenstein.

The Editorial Board

18th of Elul, 5748

v

Members of the Kollel who Participated in the Compilation of this Volume

Berel Bell

Ben Tzion Chanowitz

Eliezer Lipman Dubrawsky

Yisroel Engel

Avrohom Franklin

Simcha Frenkel

Menachem Mendel Gordon

Yosef Yitzchok Gourarie

Moshe Gutnick

Dovid Haller

Dovid Yitschok Hazdan

Hertzel Illulian

Yehuda Leib Raskin

Menachem Mendel Rosenfeld

Nochum Schapiro

Yosef Schildkraut

Dovid Wilansky

Menachem Mendel Zalmanov

Gershon Zirkind

Editorial Board

Harav Yosef Avrohom Halevi Heller — Editor-in-Chief

Menachem Nochum Gerlitzky

Menachem Mendel Kaminetzky

Levi Yitzchok Garelik

Nisan Dovid Dubov

LETTER FROM THE
PREVIOUS LUBAVITCHER REBBE

B"H.
MarCheshvan 15, 5710
Brooklyn

My student and dear friend, Rabbi Ben Zion Shemtov,

Peace and Blessing!

In response to your letter of this past 27th of Tishrei, it was a delight to receive tidings of the work of my friend and student [i.e., Rabbi Shemtov], and the palpably good results — which should cause you delight. You should strengthen yourself and take courage, and may G-d help you and bless you and all those who assist you, with both material and spiritual success.

With regard to the proposal of the Rabbis, שיחיו, regarding the composition of an abbreviated version of the laws of purity, surely I will, with G-d's help, interest myself in this matter. They should prepare a written request and proposal to my son-in-law, *Harav HaGaon, Harav* Menachem Mendel, שליט"א. However, until then, they should place all their energy in making great efforts — drawing people close and speaking publicly [to strengthen the observance of family purity]. In the merit of this, G-d will commend them and make them successful.

May G-d bless you and your family, שיחיו, in all your needs.

> Your friend who seeks your welfare and blesses all of you with all manner of good, to succeed in your work materially and spiritually,
>
> (Signature)

Excerpts from *Likkutei Sichos*
Regarding Family Purity

Aside from the crucial fact that daily conduct according to G-d's will is mandatory since G-d has so commanded, since the channel and vessel for receiving G-d's blessing is such daily conduct, each particular *mitzvah* is bound up with a particular blessing and benefit.

It is known that the blessing for meriting children is dependent upon observing the laws of family purity. It is therefore proper to observe them **scrupulously**, especially since it is possible that with the passage of time some detail pertaining to its observance may have been forgotten. It would thus be beneficial to review these laws again in depth.

And may G-d fulfill the desires of your hearts for good, that you be able to transmit good tidings.

(Likkutei Sichos XXII, p. 299)*

* * *

Your petitionary letter was received, and will be read at an auspicious time at the gravesite of my father-in-law, the Rebbe, of blessed memory. You should, however, also write the name of your wife, תחי׳ — and include both mothers' names.

Since at times the impediment to receiving G-d's blessing of children stems from lack of scrupulous and exact observance of the laws of family purity, (*niddah, hefsek taharah,* immersion in a "valid" *mikvah,* etc.) and since lack of knowledge leads to lack of proper performance, it therefore is incumbent upon both of you to clarify all these details together with a Rabbi. This should be done with the understanding that from now on you will observe all of these laws completely.

It would be appropriate to examine the *tefillin and mezuzos* in your home, to insure that all of them are "kosher" in accordance with Jewish law.

(Likkutei Sichos XII, p. 178)*

Excerpts from Likkutei Sichos

Since it often happens that such a state of affairs results from undesirable intimacy — i.e., at a time when intimacy is not permitted by our Torah, the Torah of Life — and since this sometimes results from a lack of in-depth knowledge of all these laws, therefore you and your husband שיחיו should clarify all relevant details with a competent Rabbi. This should be done with the intention of conducting oneself in this manner from now on and "there is nothing that can stand in the path of true will."

It would be proper to examine the *mezuzos* in your home to insure that they are "valid" in accordance with Jewish law, and to observe the fine Jewish custom of upstanding Daughters of Israel of giving *tzedakah* prior to lighting the candles before every Shabbos and Holiday.

(Likkutei Sichos XVII, p. 470)*

* * *

In response to your letter in which you write about medical tests (that seem to have taken place some time ago) based on which the doctor said that your wife seemingly could not bear children;

You do not write any of the details, and since there are many new medical techniques discovered recently, especially in the last few years, it would therefore be advisable to again consult a physician who is an expert in this field, and to ask him whether any of these new techniques might be beneficial in your case.

Since one is always in need of G-d's blessings — and He is the Giver of the Torah and Commander of the *mitzvos* — it is therefore understandable that one's daily conduct must be in accordance with the teachings of our Torah [which is called the Torah] of life and its commandments, concerning which it is written, "You shall live with them." In particular this means scrupulously observing the laws of family purity, (*niddah, hefsek taharah*, immersion in a "valid" *mikvah*, etc.), and also determining (together with a competent Rav) if there is a lack of knowledge which is leading to a lack of performance. This is the path to receive G-d's blessings, especially in light of the circumstances mentioned above.

(Likkutei Sichos, ibid.*)*

* * *

Since it is G-d who is the true "Healer of all flesh, Who does wondrous things," as we say in the Morning Blessings, and doctors are no more than His messengers, it is therefore absolutely necessary to conduct one's daily life in accordance with the instructions of the "Healer of all flesh, Who does wondrous things." In particular, when the matter under consideration is that of having children, first and foremost one must observe the laws of our holy Torah regarding family purity (*niddah, hefsek taharah, mikvah,* etc.). No matter how good one's conduct may be in fulfilling these laws, there is always room to add on, and G-d is sure to add in His blessings for all one's needs.

It would be proper that your *tefillin* and *mezuzos* in your home be examined to insure that all are "valid" in accordance with Jewish law and that your wife observe the fine Jewish custom of upstanding Daughters of Israel, i.e. to give *tzedakah* prior to lighting the candles before every Shabbos and Holiday.

(Likkutei Sichos XVI, p. 581)

* * *

c) **Family Purity.** By observing the *mitzvah* of *niddah, taharah* and *tevilah* which was given to Jewish women, she thereby brings purity and holiness into family life. Through this *mitzvah* one merits fine, healthy children, whole in body and soul; children who will follow the path of Torah and *mitzvos* and who bring true *nachas* and joy to their parents.

(Likkutei Sichos II, p. 579)

* * *

I also hope — although this was not mentioned in your letter — that among the subjects that are being taught is that of family purity for married women and for brides who are about to be married....

(Likkutei Sichos XXIV, p. 444)

* * *

...It is explained in Chassidus (in the discourses of the Torah portion of *Masai*) that the "journey" through exile is similar to the journey of the Jewish people through the desert. Just as there were "forty-two stops" when they journeyed through the desert (between Egypt and the land of Israel), so, too, there are "forty-two stops" throughout the period of exile, until Jews enter Eretz Yisroel through our righteous *Moshiach*.

We understand from the above, that just as in the desert the Jews were commanded regarding these two matters (the *kashrus* of their vessels, and family purity and holiness) as the final preparation for their entrance into the land of Israel;

So, too, in our times — the last days of exile — there is a need for a greater strengthening of the observance of the *kashrus* of food and of family purity (this being in addition to the main aspect — the importance of these *mitzvos* **at all times**, as mentioned earlier — also) as a preparation and introduction to entering Eretz Yisroel at the time of the redemption through our righteous *Moshiach*....

(Likkutei Sichos XIII, p. 297ff)

* * *

...3) With regard to the state of Judaism and the performance of Torah and *mitzvos* in the last few generations, the following question is asked in Jewish writings, and even more so by people: How is it that such a degrading state, such a spiritual descent, is dominant in many Jewish — circles, as described at the end of the tractate *Sotah*?

Two explanations are offered:

One of them is: In order for Jewish souls to be in their proper state, at which time the *yetzer hara* would find it much more difficult to do his damaging work, it is necessary for Jewish children to be born in purity and holiness. However, when the observance of the laws and details of family purity is found wanting, there is a detrimental effect on the souls[1] that are born thereafter; they lack the refinement and purity of the "garments" through which the soul labors and finds expression....

4) The actual observance of family purity lies **by its very nature** in the hands of Jewish women: the husband is expected to encourage and help ease its observance — surely, that he agree and not oppose it, G-d forbid. Furthermore, a woman who truly desires and insists on its observance, is surely able to achieve it and thereby strengthen the harmony in the home. Especially so, since the laws and details of family purity, with extensive explanations of the tremendous importance and magnitude thereof, are printed in brochures in various languages and are accessible to all.

This, then, is the great mission and task which lies upon Jewish women: to endeavor that Jewish daughters observe family purity. For not only is this *mitzvah* a holy foundation of family life, and important to the spiritual health of the soul (and body) and the spiritual soul-purity of Jewish children; it also is something which has an effect on, and lasts throughout, all future Jewish generations, for by observing family purity, children are born who grow up to build their own Jewish homes — "eternal edifices," themselves have children, and so on...

(Likkutei Sichos XII, p. 258ff)

---

1. This is in addition to the effects on physical health — see *Sefer HaSichos* 5700, p.19ff; *Likkutei Dibburim*, Vol. II, p. 720, Vol. III, p. 1073. See also *Zohar* II, p. 3b; *Tanchuma* beginning of *parshas Metzora*; *Vayikra Rabbah* 15:5; *Ramban, Acharei* 18:19; *Tanya*, end of Ch. 2, et. al.

PREFACE

Family purity is the cornerstone of Jewish life, and every Jewish couple must have a sound knowledge of the *niddah* laws. Yet because of their complex nature, a thorough understanding is not always achieved.

This book endeavors to present the *niddah* laws as clearly and succinctly as possible. It is not an attempt to portray the rationale behind them, but a straightforward account of the laws.

* * *

Before presenting the specific laws, a basic outline will be helpful.

During a woman's menstrual period marital relations are forbidden from the onset of menstruation. (Note: Although the terms "menstruation", "menstruating", etc., have usually been used through this book, *any* sighting of blood, no matter how minute, renders a women a *niddah*. Thus, occasionally, the phrase "to see blood" has been used.)

Evidence of menstrual bleeding may be actual bleeding, blood discovered through an internal examination, stains found on the woman's body or garments, or a sensation of blood being discharged.

At this time the woman receives the status of a *niddah* (menstruant), and special laws governing the relationship between man and wife take effect.

The woman loses her status of a *niddah* after the following requirements are met: After a minimum of five days has elapsed, the total cessation of menstrual bleeding must be ascertained by an internal examination with an examination cloth. Then seven days must pass in which no bleeding occurs, during which internal examinations are made and white undergarments and sheets are used. The woman must then immerse in a *mikvah* (a ritually approved pool of water). Marital relations may then by resumed.

There are additional times when husband and wife must separate and the woman must examine herself. These are the times when the menstrual period is expected. Once this time has passed marital relations may resume.

Note: It is mentioned many times throughout this book that a Rabbi should be consulted in certain circumstances. This refers to a competent, orthodox Rabbi with special expertise and experience in the field of the *niddah* laws.

This book cannot replace the study of these laws in the original. Its purpose is to provide a general overview of the laws of family purity.

KITZUR DINEI TAHARAH

CHAPTER ONE

How a Woman Attains the Status of a *Niddah*

1. A woman attains the status of *niddah* and becomes *tameh*, when even the smallest drop of blood is discharged from her uterus. This is true whether the blood is moist or dry; whether caused by accident (e.g., she bled after physical exertion) or if she menstruated naturally; whether she is single, married, pregnant or nursing. A man and woman who engage in sexual relations during this time are both subject to punishment by *kores*.

2. So too, even a minute amount of blood found on the *ed* (examination cloth) she examined herself with, renders her *tameh min haTorah*. (See ch. 4 for the halachic particulars and methods of examination.) If she is in doubt as to the source of the blood, and the possibility exists that the blood found on the *ed* came from someplace other than her uterus, a Rabbi must be consulted.

3. Our Sages decreed that under certain circumstances a blood-stain found on a woman's body, garments, or bed-linen, etc., renders her *tameh* even if she did not feel any release of blood. This is so even if afterwards she examined herself internally and found nothing. (See ch. 2 for more detailed laws of blood stains.)

4. If blood was found when she wiped herself externally (with a paper, etc.), without entering internally as in a proper examination, a Rabbi must be consulted.

5. Blood in the urine or blood found immediately after intercourse requires Rabbinic consultation.

6. Any discharge or stain whose color is similar to red or black renders a woman *tameh*. Any color completely dissimilar to red or black such as white, green or blue, is *tahor*. Should the color be brown or yellow, a Rabbi must be consulted, since there are many different shades of brown and yellow.

7. If a woman senses that her uterus opened to discharge blood, or feels any sensation of blood flowing from her body, she should examine herself as soon as possible. If the discharge is one of the colors which is *tahor* (as explained in par. 6), such as white and it is thick, she is *tahor*. If however, she finds nothing, (apart from the normal moisture found in the vagina) she is *tameh*. This applies only if she examined herself soon after she felt the discharge. However, if she examined herself a considerable time later and found a discharge of a color that is *tahor*, she must consult a Rabbi. If a woman commonly experiences such sensations, she must consult a Rabbi to ascertain whether she must examine herself subsequent to each sensation.

8. The laws of a pregnant or nursing woman who felt a discharge are explained in ch. 11, par. 4.

9. A woman who has undergone an internal gynecological examination where an instrument was used must consult a Rabbi to determine if she is a *niddah* — even if she examined herself and found no blood. (If possible, she should arrange for these examinations to take place when she is already in the state of *niddah*.)

CHAPTER TWO

K'somim – Laws Concerning Stains

1. The following laws pertaining to stains apply only if the woman merely discovered a stain (not through examination or wiping herself) and did not feel an opening of the uterus, or a discharge of blood from her body. However, if she did feel one of the above sensations, her status is defined in ch. 1, par. 1 & 7.

2. If the stain resulted from wiping or cleaning herself and the like, or after marital relations, or if she found blood in her urine, she must consult a Rabbi as explained in ch. 1, par. 4 & 5.

3. A woman who discovers a stain whose color is *tameh* (See ch. 1, par. 6 regarding the various colors) on her body, garments, or bed linen etc., is considered a *niddah* and is *tameh*. This is so although she is sure that she did not sense a discharge, nor did she feel her uterus open, and even if she examined herself after discovering the stain and found herself clean. She requires a five day waiting period, *hefsek taharah*, seven clean days and immersion in a kosher *mikvah*, exactly as does a regular *niddah*.

4. The stains found in the abovementioned places render her *tameh* only if they originate from the uterus. Therefore, if she is in doubt as to the source of the stain, or thinks that it emanated from someplace else, she should consult a Rabbi to ascertain whether she is *tameh*.

5. The stain renders her *tameh* only when the following three conditions are present:

(i) *The stain is larger that the size of a* **gris**, whether it has a square or elongated shape. Less than that size, she is *tahor*. If, however, the color of the stain is black, she is *tameh* regardless of its size. If the stain is found on her body, she must consult a Rabbi even if its size is less than the above measurement. The size of a *gris* is a circle 14 millimeters (about 0.55 inches) in diameter or approximately 153 square millimeters.

(ii) *The stain was found on something which is* **mekabel tumah**, such as on a garment, on various types of vessels, or on other similar things which are *mekabel tumah*. But if it was found on something which is not *mekabel tumah*, such as on the ground, unspun wool, raw cotton, a flat piece of paper, or on a cloth that is less than 60x60 millimeters, she is *tahor*. If the stain is found on plastic or nylon, or any other synthetic material, a Rabbi should be consulted.

(iii) *The stain was found on a white object.* But if it was found on a colored object, whether red or another color, she is *tahor*. Our Sages therefore advised that a woman should wear colored garments on the days she is *tahor* (but not during the "seven clean days") to avoid the problem of stains.

If the garment is multi-colored and white is one of the colors, then if the stain is found a) only on the white part, she is *tameh*; b) only on the colored part, she is *tahor*; c) partially on the white part and partially on the colored part, she must consult a Rabbi.

(6.) That which has been stated above, that the woman is *tahor* when the stain was smaller than the size of a *gris*, or was found on an object which is not *mekabel tumah* or on a colored garment, applies only if she did not examine or wipe herself with these things (i.e., she merely discovered the stain on them). If, however, she made an internal examination or wiped herself with these things, she must consult a Rabbi in order to ascertain her status.

7. Even if all the above three conditions are present, she may still be *tahor* where there is reason to attribute the blood to another cause. For example: she has a wound, or was handling something bloody. However, since this is a complex and detailed matter, in such an instance she should always consult a Rabbi.

8. Regarding whether a *veses* can be established by sighting a stain — see ch. 8, par. 17.

CHAPTER THREE

Harchakos – Conduct Between Husband and Wife During the *Niddah* Period

1. After a woman has become *tameh* through seeing blood or a stain, the husband and wife a) may not engage in marital relations; b) may not touch each other; c) are forbidden to do any of the things enumerated below. They are forbidden until she makes a *hefsek taharah*, counts the requisite number of clean days, and immerses herself according to Torah law. This applies even if many years have passed since she became *tameh*.

2. He may not touch her or the clothes she is wearing even with his little finger; nor blow dust from her garments when she is wearing them. He is forbidden to smell the perfume on her, or her personal perfume even when not on her. It is proper for the woman to adorn herself as little as possible.

3. He may not look at those parts of his wife's body which are normally covered, not even her heel. He may, however, look at those parts which are normally uncovered. Nevertheless, as much as possible he should avoid gazing at her excessively. It is forbidden to hear her sing.

4. He may not behave frivolously with her, nor speak with her words conducive to marital relations.

5. They may not hand anything directly to each other, even a long object. Even to throw something to one another is forbidden; instead, one should put down the object, and then the other can pick it up. It is laudatory to refrain even from throwing an object into the air so that the other will catch it.

6. Likewise they may not hand a baby one to another.

7. They may not eat from the same plate (or bag, etc.), even if they take turns in helping themselves. They are, however, permitted to partake of portions of food that are so large, that a person takes an individual portion from a platter and places it on his own plate before eating it.

8. Husband and wife may not eat at the same table unless some distinction is made, such as:

   (i) Placing between them food which will not be eaten at that meal.

   (ii) Placing between them an object of noticeable height which is not generally placed upon the table when she is *tahor*, such as a bottle or a glass, etc. Even if that object is used in the course of the meal, it is still considered a distinction.

   (iii) Eating on a separate tablecloth or placemat; or one eats on the table and the other uses the tablecloth (if they do not usually do so when she is *tahor*).

It is customary not to regard a change from her usual seating position at the table as a sufficient distinction.

9. The husband may not drink from the leftovers in his wife's cup except in one of the following circumstances:

   (i) If another person drank from her cup in the interim.

   (ii) If the drink was poured into another cup, even if it was afterwards poured back into her original cup.

(iii) Some authorities maintain that he may drink her leftovers if she left the room.

(iv) If he is not aware that she drank from the cup, she is not obliged to tell him not to drink from it.

(v) If she drank the entire contents of the cup, and it was then refilled, he may drink from it, although the cup had not been rinsed.

The laws mentioned above regarding drinks apply to food as well.

10. She is permitted to eat and drink from his leftovers.

11. With the exception of water, the wife may not fill her husband's cup when it is in front of him.

12. Some authorities forbid her to place a cup of liquid or plate of food in front of him. She may, however, do so if she places it in front of him in an irregular manner, such as placing it with her left hand, or placing the cup or plate not directly in front of him.

13. The above only applies to his personal plate. It is, however permitted in the case of a communal platter, even if he also takes from it.

14. The husband is likewise forbidden to fill her cup or to place a plate of food before her. Moreover, he is forbidden to pass her or instruct that she be given a cup of wine (or any other beverage except water), even if it is the *kos shel b'rachah*. If others drink from the cup, she may drink after them.

15. He may not send her the cup of wine over which he has made *kiddush*. Instead, he should put it back on the table, and then she should take it herself.

16. He may not sleep with her in the same bed, even if both are clothed and they do not touch. Nor may they

lie in separate beds if the beds touch. Therefore, care should be taken to assure that the beds are far enough apart that there will be no contact whatsoever.

17. He may not sit on her bed even when she is not present, but she may sit on his bed even in his presence. However, she may not lie on his bed in his presence.

18. They may not sit together on a bench that would move or rock because of their weight, even if it is long and they do not touch each other. It is permitted if the bench is attached to the wall or heavy enough to render it immobile.

Some authorities allow them to sit on a bench which moves if another person sits between them.

19. They may not ride together in an automobile or boat where the travel itself is the purpose of the trip. It is permitted if they travel for some purpose, e.g., to visit friends etc. — but they must take care to sit in a permissible manner, as explained in the previous paragraph.

20. She may not spread the sheets and blankets on his bed in his presence, but may do so in his absence. She is, however, permitted to change the pillow cases and blankets in his presence. The same restrictions apply to the husband.

21. She may not pour hot or cold water for him to wash his face, hands, or feet. Some authorities also forbid her to place the water in front of him to wash himself. The same restrictions apply to the husband.

22. If he is ill, and there is no other person to take care of him, she may do so. For example, she may: raise him and lie him down; lace and unlace his shoes; to hand him things and fill his cup. If possible, however, she should do these things in a different manner than

usual. She should refrain as much as possible from making his bed, or washing his face, hands or feet. It is permitted for her to do these things if it is impossible any other way.

23. He is forbidden to take care of her when she is ill. It is customary to allow it when there is no one else to care for her and she is in great need of assistance.

24. If the husband is a physician, he may not draw blood from her, take her pulse, etc. However, he may do so if she is dangerously ill and there is no other doctor, or none as competent as he.

25. Customarily, women do not go to the cemetery while in the state of *niddah*.

26. For reasons of extra purity, women in *niddah* are accustomed not to go to the synagogue — unless they attend regularly, or there is a special reason to go and they will be greatly upset if they do not go. They are likewise accustomed not to gaze at the *Sefer Torah* at the time of *Hagba'ah*. However, these are not actual prohibitions. None of the above applies during the days of *Libun* (once the blood had stopped flowing).

Regarding prayer and reciting blessings, there is no difference between a woman who is *tahor* and one who is in a state of *niddah*.

27. It is proper and praiseworthy to be strict in all of the above, for even remaining alone with one's wife when she is in a state of *niddah* was permitted only out of necessity.

CHAPTER FOUR

The *Hefsek Taharah* and *Shivah Neki'im*
Conclusion in Purity and
Counting of the Seven Clean Days

1.   Every woman who has become *tameh* through seeing blood, discovering a stain, or through feeling a discharge (as explained in ch. 1) must wait a minimum of five days, make a *hefsek taharah*, and then begin to count seven clean days.

2.   These seven clean days begin after she makes the *hefsek taharah* ("conclusion in purity") — an examination which ascertains that menstruation has totally ceased. For example: If she began to see blood on Sunday, (even if it was for but a brief period, or she just found a stain) she waits until Thursday. If it seems that menstruation has ceased, she performs a *hefsek taharah* Thursday before sunset (see par. 3), and starts to count the seven clean days beginning from Friday.

[Note: In general, she will go to the *mikvah* on the same day of the week as she performed the *hefsek taharah*. For example, if the *hefsek taharah* was done on Thursday before sunset, she will immerse on the following Thursday night.]

3.   How to perform a *hefsek taharah*: On the fifth day after she first saw blood she washes her entire body to remove any trace of blood. (If she failed to do this and only washed in and around her vaginal area, it is sufficient.) She then takes an *ed* (examination cloth) woven from white, clean, soft wool, cotton, or linen — it should be a used, laundered cloth, for then it is softer — and inserts the *ed* as deeply as possible in her vagina, moving it around in all directions, in the internal clefts, wrinkles, and folds. (It does not suffice to merely insert

it shallowly to wipe herself.) In order to facilitate a proper examination, she should stand with one foot on a chair, etc., and the other on the ground. If she did not check in the clefts and folds, her examination and subsequent counting are worthless. If this cloth is free from anything resembling a color which would make her *tameh* (see ch. 1, par. 6 for details of which colors are *tameh*), her *hefsek taharah* is valid, and she now begins to count seven clean days. If the cloth is not free from this color, she may check herself as many times as is necessary to find one clear *ed*, as long as the final examination is concluded before sunset.

This examination is called a *hefsek taharah* and must be performed close before sunset.

4. It is particularly commendable that after the above examination, she should examine herself with a *moch dochuk*, i.e. a cloth (either the original clear examination cloth or another cloth) which is left inside from before sunset until after nightfall (when three stars appear). She then removes the *moch dochuk* and examines it. If it is clean, she begins to count seven clean days.

In certain circumstances it is not only commendable, but **obligatory** to insert the *moch dochuk*. Therefore, in **any case** where it is difficult for her to perform this examination (because it causes pain, or she is afraid the *moch dochuk* will cause bleeding), a Rabbi should be consulted.

5. If she was even a little late and performed the examination after sunset, the *hefsek taharah* is invalid. She must make another *hefsek taharah* the next day.

6. On erev Shabbos the *hefsek taharah* must be performed before candle-lighting. If she did not do so she may still perform it until sunset.

7. In places where *Ma'ariv* or *Kabbolas Shabbos* is prayed before sunset, it is customary to make two *hefsek taharahs*: one before *Borchu* or *Kabbolas Shabbos*, and another shortly before sunset. If she failed to do so, and made only one examination, whether before *Borchu* or close to sunset, the *hefsek taharah* examination is valid, and the seven clean days begin from the next day.

8. If the day for making the *hefsek taharah* is Shabbos or Yom Kippur, she should wash in and around her vaginal area with cold water, or water heated before Shabbos or Yom Kippur. She should wash with her hands, not a cloth.

If the day for making the *hefsek taharah* is Yom Tov, she should wash in and around her vaginal area with warm water. She should wash with her hands, not a cloth.

9. It is forbidden to go out on Shabbos with a *moch dochuk* (unless the area has an *eiruv*). She may go out with a tampon or sanitary napkin when menstruating.

10. After the *hefsek taharah* has been successfully completed and throughout the "seven clean days," she should wear white undergarments and place white sheets on her bed, all having been checked for stains. In an emergency, e.g., when travelling and she has no white undergarments or sheets, then as long as her undergarments and sheets have been checked to ensure that they are clean and free of blood, she may count the clean days.

11. On each of the seven clean days she must examine herself in all the internal crevices (as explained above in par. 3) twice a day: once in the morning upon arising, and once before sunset. The *ed* should then be checked to be certain it is free of any stain. She should

also check her undergarments and sheets daily for stains.

She should check the *ed* by daylight.

12. If she forgot, and only examined herself once on the first day and once on the seventh day, the counting is valid whether these examinations were at the beginning, middle or end of the day. This is in addition to the *hefsek taharah* examination which is done on the day **prior** to the first day.

13. It might happen that she gave up counting in the middle of the seven days. [For example: her husband planned to travel to another city for a long duration, and she therefore stopped counting. He then changed his mind and did not travel.] Although she may have missed counting, the count is still valid and need not be repeated, provided she examined herself once on the first day (besides the *hefsek taharah*) and once on the seventh.

14. Some women have the custom to actually say: "Today is the such and such day of my count." Some say it after the evening examination and others after the morning examination.

15. The seven clean days must be consecutive. If she saw blood or stains on any of these days, even at the very end of the seventh day, her count is invalidated. She must once again perform a *hefsek taharah* and begin counting anew.

16. In such a case however (when she saw blood on any of the seven clean days), she need not wait five days to start counting anew. As soon as she ceases to see blood she can perform a *hefsek taharah* before sunset. Likewise, if she saw blood on the night of her immersion

before marital relations, she need not wait five days, but may make a *hefsek taharah* examination the next day.

17. A woman whose vaginal canal is bruised and cannot examine herself properly, should consult a Rabbi.

CHAPTER FIVE

Chafifah – Preparing for Immersion

1.   Prior to her immersion, a woman is obligated to examine and inspect her entire body and hair to ensure there are no intervening substances on her that would prevent the waters of the *mikvah* from coming in contact with her entire body. The details of the laws of intervening substances will be explained in ch. 6.

2.   Before this examination, she must bathe in warm water, cleaning and scrubbing her entire body — including those places where hair is found — with soap, shampoo, and the like.

3.   When washing, she should comb the hair on her head thoroughly, and separate by hand the hair found on the other parts of her body.

4.   She must wash and clean all her folds, such as inside her ears, nose, eyes, armpits, between her thighs, in the navel, etc. She must thoroughly clean her teeth, and between her teeth (with dental floss, etc.).

5.   She must cut and thoroughly clean her fingernails and toenails before immersion.

6.   She should not wash with substances that cause her hair to stick together. She may therefore not wash with cold water or other liquids that cause the hair to stick. If, however, she did so and she sees that her hair did not stick together, she may go ahead with her immersion.

7.   Her immersion is invalid if she forgot to examine her body, comb her hair, or wash those parts of her body where hair is found. She should consult a Rabbi if she realized this only the next morning.

8. This cleaning should begin during the day, however, it should also be close to the time of her immersion. Therefore, she should start cleaning while it is still day, and continue until after nightfall (when stars appear), and then immerse.

9. Although a woman cleaned herself properly in her home (as mentioned above), she must nevertheless examine her entire body and comb her hair again in the *mikvah* building immediately prior to immersion. The correct custom is to rinse herself again in the *mikvah* building immediately before immersion.

10. If, for any reason, she cannot make her preparations (cleaning, etc.) as mentioned above (par. 8), i.e. to begin during the day and extend into the night (or if the day has already passed) she can make her preparations either completely at night or completely during the day. However, she must clean herself properly and not rush, and thoroughly examine her entire body before immersing.

11. If her immersion is on Friday night, she should clean and bathe herself on *erev* Shabbos (Friday). Between cleaning and immersing she must be careful to avoid any dirt or sticky substances (see para. 12).

On Friday, it is best she clean herself at home, and then light the Shabbos candles before going to the *mikvah*. If she cleans herself in the *mikvah*, the husband should light the candles and make the blessing. If this is impossible, she should light with the blessing before going to *mikvah*, and have in mind when she lights the candles that she does not yet accept Shabbos, so that she can still bathe and clean herself afterwards until it actually becomes Shabbos. The husband, however, must himself accept Shabbos immediately, i.e. at the time of her lighting.

12. When her immersion is on *motzoei* Shabbos (Saturday night), she bathes and cleans herself on *erev* Shabbos, and again on *motzoei* Shabbos. On Shabbos itself — and on every occasion that there is a lapse of time between cleaning and immersion — she should be careful not to touch any substance that can stick to her and intervene between her body and the *mikvah* waters (e.g. dough). If she handled a sticky or dirty substance, she should immediately wash herself. She must be careful that her hair remains combed, and that not even one hair becomes entangled with another. Therefore, she should tie back her hair.

13. When her immersion is on a) the second night of Yom Tov, or b) a Saturday night which is the first night of Yom Tov or c) a Friday night which immediately follows a Yom Tov, she cannot clean herself before immersing. Therefore, she must clean herself on the *erev* Shabbos or the *erev* Yom Tov, when there are no Shabbos or Yom Tov prohibitions. On the days between the cleaning and the immersion she must be careful to avoid all those things enumerated in par. 12. Nevertheless, just before the immersion she should again wash all her orifices, and all creases and folds, with warm water. She may do so even though the water was heated on Yom Tov. She must thoroughly examine her entire body and her hair, and clean and floss her teeth before immersion.

14. When her immersion falls on the night of Yom Kippur or Tisha B'Av — when it is forbidden to immerse — she should bathe and clean herself on the day before Yom Kippur or Tisha B'Av. On the night following Yom Kippur or Tisha B'Av she should again bathe and clean herself, and then immerse.

15. She must not eat anything between the final cleansing and immersion.

16. It is customary not to eat meat on the day of immersion (for meat gets stuck in the teeth more than other foods). If she did eat meat, she can still immerse, but she must be careful to thoroughly floss between her teeth after eating. On Shabbos and Yom Tov, the custom is that she may also eat meat, but she also must thoroughly floss between her teeth after eating.

17. Prior to immersion she should check if she needs to void herself. If she does so, she should wash well those places that became soiled.

18. If she walked barefooted from the bath to the *mikvah* she must examine her soles and wash them if they are not clean.

CHAPTER SIX

Chatzitzah – Intervening Substances

1.   Her entire body must be clean at the time of immersion, with absolutely no *chatzitzah* (intervening substance between herself and the *mikvah* water) on her flesh, hair or nails. If she immersed when there was a *chatzitzah* on her, she remains *tameh* until she properly immerses herself again.

2.   Any sticky substance which prevents the water from entering beneath it, even something small that the woman doesn't care about at all, is considered a *chatzitzah* if the majority of people are *makpid* (that is, it normally bothers them and they remove it if possible) even if only at certain times (e.g. a ring when kneading dough).

3.   Moreover, anything which the woman is *makpid* on, even if the majority of people are not, is considered a *chatzitzah*.

4.   A substance which covers the majority of her body or hair is a *chatzitzah* even if no one is *makpid* on it.

5.   A woman should try to remove any substance on her body, even if it is technically not considered a *chatzitzah*.

6.   Even one knotted hair, whether knotted in itself or with another hair, is considered a *chatzitzah* if the woman is *makpid* on it. When the majority of her hairs are individually knotted, it is a *chatzitzah* even if she is not *makpid*. If, however, the knot is formed from two or more hairs, then whether the two hairs are knotted around themselves or with two other hairs, it is not a

chatzitzah (since they do not stick so tightly, water can enter between them).

7. When hairs of the head or armpits are stuck together because of perspiration, if the majority of hairs (even of one location) are sticking together, or only a minority are sticking together but she is *makpid* on it, it is a *chatzitzah*. In the vaginal area, however, it is always a *chatzitzah*.

8. If a secretion from the eye is outside the eye, then it is a *chatzitzah* whether it is wet or dry. When it is inside the eye, if wet it is not a *chatzitzah*; if it has started to dry and change color, however, it is a *chatzitzah*.

9. Dry blood, even if it is directly on a wound, is a *chatzitzah*. If the blood is still wet it is not a *chatzitzah*.

10. Pus inside a wound is not a *chatzitzah*. If the pus drained onto the wound and hardened or formed a scab, it is not a *chatzitzah* during the first 72 hours (from the time the wound drained); after 72 hours it is a *chatzitzah*. If the pus spreads on the skin outside the area of the wound, however, if it has dried it is a *chatzitzah* even during the first 3 days.

11. Therefore, a woman with scabs on her skin must soak them in water until they are thoroughly softened. If it is possible to scrape off and remove the scabs without great pain, she must do so.

12. A bandage or any type of ointment is a *chatzitzah*. If the bandage must remain for a long time and cannot be removed, she should consult a Rabbi.

13. If a splinter, etc. is stuck in the flesh but is not totally embedded, it is a *chatzitzah*. If, however, it is totally embedded below skin level, then even if it remains visible it is not a *chatzitzah*. So too, if skin has

grown over it, it is not a *chatzitzah*. Nevertheless, if it can be removed easily, it is good to do so before immersion.

14. Dirt on the body as a result of perspiration is not a *chatzitzah*. But if it has dried and become encrusted like a scab, it is a *chatzitzah*.

15. "Crumbs" that adhere to the flesh as a result of kneading dough or mixing plaster etc., are a *chatzitzah*.

16. Ink, milk, honey, blood which is not directly on the wound (or blood from another person or an animal), all types of sap from a tree, and all types of mud, whether dry or wet are *chatzitzahs*.

17. Hair dye used by women to enhance their beauty is not a *chatzitzah*. But if some of the dye comes off — and thus no longer enhances the hair — it is a *chatzitzah*.

18. A woman must cut her nails before immersion. If she forgot to cut even a single nail and immersed, she must immerse again, even if there was no dirt under the nail. If she did not discover her oversight until the next morning, she should consult a Rabbi.

19. Any dirt under the nails is a *chatzitzah*.

20. Warts and corns that do not hang loose are not a *chatzitzah*.

21. Small pieces of loose skin around the nails are not a *chatzitzah*. But if she is *makpid* on them, they are a *chatzitzah*.

22. Any substance stuck to or between the teeth is a *chatzitzah*. A woman must therefore thoroughly clean her teeth and floss between them to remove any intervening substances.

23. Permanent fillings and permanent false teeth are not a *chatzitzah*. Dentures must be removed. Since there

are many details regarding temporary fillings, etc., a Rabbi should be consulted about which constitute a *chatzitzah* and which do not.

24. Stitches on any part of the body might sometimes constitute a *chatzitzah*, and a Rabbi should be consulted.

CHAPTER SEVEN

Tevilah – Immersion

1.   After the seven clean days have been completed and the woman has cleansed herself properly (as explained in ch. 5) she immerses at night (after three stars have appeared). Even if her immersion is delayed for several days, she is to immerse only at night.

2.   If circumstances make it absolutely impossible for her to immerse at night, she should consult a Rabbi as to whether she may immerse during the daytime of the eighth day, as well as how she should go about it.

3.   When her husband is in the city, it is a *mitzvah* to immerse at the appropriate time and not delay her immersion to another night. If her husband wishes to leave to another destination within 12 hours prior to her immersion, he must delay his journey, unless he is travelling for the purpose of a *mitzvah* or out of great necessity. The wife, too, may not travel during this time without her husband's permission.

4.   When her time to immerse falls on a Friday or Saturday night (or on a holiday, etc.), she is permitted to immerse at that time. If, however, the immersion night was scheduled earlier, and for some reason she did not immerse, she must consult a Rabbi as to whether she may immerse on one of these nights.

5.   Before entering the *mikvah* she should thoroughly examine her entire body, and feel with her hands those places she cannot see. If she did not examine herself before immersion, the immersion is invalid even if she examined herself afterwards and found herself to be clean.

6. If necessary, she must see to her bodily needs before immersion.

7. She should perform the procedure of the immersion patiently and calmly, without haste or confusion. She may therefore not immerse in a place where men might see her, for then she may hurry and not take the proper care in her immersion.

8. The *mikvah* waters should be at least 30 centimeters (about 12 inches) above her navel (when standing upright).

9. It is forbidden to immerse while standing on a vessel or on an object that is *mekabel tumah*. If she did so, the immersion is invalid. If there are mats on the floor of the *mikvah*, she should make sure not to stand on them when immersing. If this proves to be unavoidable, she must consult a Rabbi.

10. She should not immerse in a *mikvah* that has mud on the bottom. If this is unavoidable, she should consult a Rabbi.

11. She should not immerse when standing upright, sitting, or bending too far forward — for then parts of her body are covered. The proper position is bending forward slightly as if kneading dough. Her hands and feet should be extended slightly away from her body as when she walks, and not held tightly to her body. If she immersed when standing upright or bent too far forward, she should immerse a second time. If it is difficult for her to immerse again, or to immerse while bent forward slightly, a Rabbi should be consulted.

12. It is a fine custom for her to enter the *mikvah* while her entire body — including the internal parts — is still damp or wet from her preparatory cleansing. Alternatively, she may enter the *mikvah* up to her neck

and use her hands to wet her folds, such as the eyes and armpits, with the *mikvah* water and then immerse.

13. She should not shut her eyes tightly nor open them wide, but keep them gently closed. While she need not open her mouth, she should not shut it too tightly. Instead, she should lightly touch her lips together. She should not clench her hands, nor press her fingers together too tightly. If she did one of the above, she must immerse again. If this is difficult, she should consult a Rabbi. The immersion is invalid if hair entered her mouth, during the immersion.

14. A woman of at least 12 years of age should be present at the immersion to watch that the water covers her entire body and hair at one time, without even one hair protruding from the water. In an emergency, when there is no one to supervise her immersion, she should consult a Rabbi. If she suspects that some hair remained outside the water, she must immerse again.

15. If a woman cannot immerse without someone else supporting her, another woman may hold her. However, that woman must first place her hands in the water and then — while they are still in the water — hold her. She should be held gently, not forcefully.

16. After properly immersing once, she stands in the water up to her neck, covers her hair, folds her arms and places them on her body below her heart and recites the blessing ברוך אתה ה׳ אלקינו מלך העולם אשר קדשנו במצותיו וצונו על הטבילה "Blessed are You L-rd, our G-d, King of the universe, who has sanctified us with His commandments and commanded us concerning immersion." She should not look into the water while reciting the blessing. It is customary to immerse once again after the blessing. She should be careful that both immersions are performed properly and according to the law.

17. It is customary for the woman supervising the immersion to note that the immersion was valid by saying "it is kosher," or some similar expression. For then the immersion is also proclaimed "kosher" in the heavenly spheres, and fine children are thereby merited.

18. Following immersion, she should not bathe or shower her entire body at once.

19. When she emerges from the water, the woman supervising her immersion (or another woman) should meet her and touch her. If she was confronted by an unclean creature such as a cat or dog, etc. before she saw her friend, she will immerse again if she is a G-d-fearing woman.

20. When the woman returns home after her immersion she should tell her husband explicitly that she has immersed.

21. A woman should be extremely discreet regarding her immersion night, so that people should not be aware of her immersion — unless it is necessary, such as to ascertain a law, etc.

22. One must be sure that the *mikvah* is absolutely *kosher*, for the purity of his wife and descendants for all generations depends on the *kashrus* of the *mikvah*. Those living in small towns must be especially careful that the *mikvah* is under the supervision of an expert, G-d-fearing Rabbi.

23. If possible, one should try to use a *mikvah* which is constructed *bor al gabei bor* as established by the *Rebbe Rashab*.

24. A woman living in a place where there is no *mikvah* should consult a Rabbi about immersing in the sea, river, or lake.

CHAPTER EIGHT

Categories of *Vestos* and how they are Established

1.   Women sometimes have their menstrual cycles on a regular fixed basis, and sometimes on an irregular basis. The Sages termed a cycle *veses* (pl. *vestos)*.

2.   There are certain times that carry the greatest probability that her period will begin (according to the various ways of calculating the *veses*, which shall soon be explained). Our Sages therefore decreed that when the onset of the *veses* is expected, the husband must then separate from his wife; the woman must   examine herself during this time to ascertain whether there is any evidence of bleeding. The detailed laws concerning the separation and examination are explained in ch. 9.

3.   **Onah:** The word *onah* means a time period. With *vestos*, day and night are fixed by sunrise and sunset: day is from sunrise to sunset; night, from sunset to sunrise. The time period between sunrise and sunset is termed the "day *onah*"; the time period between sunset and sunrise is termed the "night *onah*".

4.   **Regular and Irregular *Vestos*:** A woman whose period began on three consecutive occasions at a fixed time, e.g., she began menstruating on three consecutive occasions on the exact same day of the Jewish month (see par. 8), or on three consecutive occasions at regular intervals (see par. 9), is deemed to have a "regular *veses*." A woman who does not have a regular period is deemed to have an "irregular *veses*."

5.   A woman who established a regular *veses* needs to concern herself only with the *onah* on which the regular *veses* is expected (for inasmuch as her period begins at an established time, she need not be concerned

with the possibility that menstruation may begin at some other time). When that *onah* arrives, she must separate from her husband and examine herself. (See the laws of separation and examination in ch. 9.)

6. A woman who does not have a regular *veses* and as such does not begin to menstruate at an established time, must be concerned that her menstruation may begin at any of the following 3 times. They are: (a) the *onah benonis*; (b) the monthly *veses*; (c) the interval *veses*.

7. *Onah Benonis:*

> *Onah* means time; *benonis* means average and common (cycle for most women). Paying attention to the *onah benonis* thus means suspecting the possibility that menstruation will begin on the average cycle for most women, which is on the thirtieth day from the previous onset of menstruation. The day on which her period last began and the day on which she suspects the *onah benonis*, are included in this count of thirty days. For example: If she began menstruating on Sunday, she should suspect that menstruation begin again on Monday four weeks later. The couple are to separate the entire twenty-four hours of the thirtieth day, i.e., from the beginning of the night of the thirtieth day (sundown Sunday) until the end of that day (sundown Monday) as explained in ch. 9, par. 3.

8. **The Monthly *Veses* (*Veses HaChodesh*):**

1) The "monthly *veses*" means suspecting a particular day of the Jewish month as determining the time for menstruation. For example: If the onset of her period was on the fifteenth day of the month, she suspects that she

may again begin to menstruate on the fifteenth day of the following month. For the purpose of the monthly *veses* there is no difference between full months (those with thirty day) or short months (those with twenty-nine days); only the actual date is taken into account. All calculations of the *veses* are made **only** in accordance with the Jewish calendar, not the secular calendar.

2) In the case of the monthly *veses* we suspect only the actual *onah* in which menstruation began. That is, if in the previous month her period began during the day *onah* (between sunrise and sunset), she is to separate in the coming month on that date during the day *onah*. If during the previous month her period began during the night *onah* (between sunset and sunrise), she is to separate in the coming month during the night *onah*.

3) The monthly *veses* is different from the *onah benonis* in that she suspects the entire twenty-four hours of the *onah benonis* and separates during this entire time; a monthly *veses* is suspected — and separation occurs — only during the actual *onah*.

4) If the woman's monthly *veses* began on three consecutive occasions on the exact same date, this becomes her regular *veses*. For example: if her period began on three consecutive occasions on the third day of the Jewish month, she has thereby established a regular *veses* and need not suspect other *vestos*. In order for the regular *veses* to be so established, her period must have begun all three times during the same *onah* as well. If, however, menstruation began three consecutive

times on the same date but not during the same *onah*, she has not established a regular *veses*.

9. **The Interval *Veses* (*Veses Haflagah*):**

This means we suspect that the time interval between menstrual periods may determine when she menstruates. These intervals are measured in *onahs*, not in days.

The interval is reckoned from the end of one menstrual period to the beginning of another. In general, the end of one menstrual period is the time of the *hefsek taharah*. After the woman makes the *hefsek taharah* she begins counting the number of *onahs* during which she is free from bleeding until her next period begins. For example: There was an interval of forty *onahs* during which there was no bleeding — between the end of one menstrual period (the *hefsek taharah*) and the beginning of the second menstrual period. When forty *onahs* have passed from the end of the second menstrual period, it is suspected that she may then menstruate during the forty-first *onah*. During this forty-first *onah*, marital relations are prohibited and she must examine herself.

Should a woman menstruate four consecutive times with three equal intervals, she has established a regular *veses* of intervals.

The interval *veses* is similar to the monthly *veses* and dissimilar to the *onah benonis* in that the latter she need suspect both on the night of the 30th and the day, whereas regarding the interval *veses* and the monthly *veses* she suspects but for one *onah*.

10. As long as a woman has not established a regular *veses* — be it of months or intervals — on all three occasions (*onah benonis*, monthly *veses* and interval *veses*) she must suspect that she may menstruate. However, once she has established a regular *veses*, she need suspect only the regular established time until her *veses* changes or is disrupted, as will now be explained.

Changes and Disruptions of the Regular *Veses:*

11. A woman who has established a regular *veses* and a change occurred and she menstruated once or twice at a different time, is to suspect both times: (a) she still suspects the time of her regular *veses*; (b) she also suspects her new irregular *veses*   (with regard to the monthly *veses* and interval *veses*, but she does not need to suspect the *onah benonis*).

A regular *veses* is disrupted only after three times: that is, if she did not menstruate on three expected occasions.

Since there are a multitude of laws regarding the disruption of a regular *veses*, therefore if a woman has previously established a regular *veses*, she should consult a Rabbi regarding its disruption.

Changes and Disruptions of an Irregular *Veses:*

Monthly *Veses:*

12. An irregular *veses* (even if she saw twice consecutively on a given date, but the *veses* has yet to be established as regular, i.e., she has yet to see it a third consecutive time) is disrupted after one time. That is, if a woman's anticipated *onah* of menstruation passed without her having seen blood, she need not suspect that *onah* in the coming month. For example: If she began to menstruate on the 5th of the month, she must suspect the 5th of the following month. However, if during the

second month her period actually began on the 8th day of the month, then the suspected 5th day is disrupted (since she did not then get her period). Therefore, during the third month she must only suspect the 8th day of that month.

13. If the suspected *onah* of the monthly *veses* falls in the midst of her actual menstrual period, the *veses* is not disrupted. For example: She had previously begun to menstruate on the 8th day of the month and the next month her period began on the 5th day of the month. When the 8th day of the month arrives (the day on which she suspects the monthly *veses*) and she is still menstruating, the suspicion that she may menstruate on the 8th of the month is not disrupted. During the following month she must therefore suspect that her period will come both on the 5th and 8th day of that month.

14. In the case of the monthly *veses*, later sightings of blood do not invalidate the original suspicion. For example, if she began to menstruate on the 1st day of the month, and again on the 20th of that month, she must still suspect that she will menstruate on the following 1st day, and also on the following 20th day of the month.

Interval *Veses*:

15. The law of the interval *veses* is that if the second interval was of **shorter** duration than the first, then after her third sighting of blood she must suspect that she will menstruate at both intervals. For example: The first interval was of 40 *onahs* duration and the second interval was only of 34 *onahs* duration. After the conclusion of the 3rd menstruation she suspects both 34 and 40 *onahs*.

If, however, the second interval was **longer** then the first, than the longer interval negates the shorter one.

For example: The first interval was of 34 *onahs* duration, and the second was of 40 *onahs* duration. The longer interval (of 40 *onahs*) negates the shorter interval (of 34 *onahs*). From then on she must suspect only the 40 *onahs* interval.

16. There are many other categories of *vestos* which, although uncommon, are nevertheless considered in the category of a regular veses once they have occurred on an established and regular basis. For example: a "shifting" veses — when the woman menstruates on a uniformly increasing or decreasing date every month (e.g., on the 1st of Nissan, 2nd of Iyar, 3rd of Sivan, etc.); or when the time interval between sightings increases uniformly every month (e.g., the first interval was of 40 onahs, the second was 41 onahs, the third was 42 onahs, etc.); or when the woman menstruates every few months or weeks on the same day of the month or week; or a veses dependant on physical symptoms, wherein a specific symptom is associated with the onset of menstruation, such as a headache, cramps, fever, etc.

In all these cases, the laws are very complex — of when it is considered a regular or irregular *veses*, or when it is a regular *veses* only with regard to being strict and not to be lenient. The woman should therefore meticulously mark in her calendar all the dates and times of her periods. If she then suspects that she has established one of these *vestos* as being regular, she should consult a Rabbi.

17. The finding of a stain (even one which renders her *tameh*, as explained in ch. 2) has no bearing on a *veses*. That is, if a woman discovers a stain, she need not suspect that she will menstruate on that date in the following month — neither the monthly *veses*, the interval *veses*, nor the *onah benonis*. Even if she

discovers a stain three times on the same date of the month, it does not establish a *veses* (although the stain renders her *tameh*, as explained above in ch. 2). However, blood found on a cloth used for an internal examination is considered a true sighting of blood with regard to all laws of *vestos*.

CHAPTER NINE

Separation and Examination at the Time of the Expected *Veses*

1. It was explained earlier in ch. 8 that when, according to the various calculations, the onset of the *veses* is expected, a) the husband and wife are to separate from one another; b) the woman must examine herself.

A) Separation:

2. Husband and wife must refrain from marital relations. It is praiseworthy to be strict and refrain even from kissing and embracing, and surely from sharing the same bed.

3. How long must this period of separation be? If they are separating due to an expected monthly *veses* or interval *veses*, they must separate for 1 *onah*. If the original menstruation began during the day *onah* they must separate during the entire day *onah* (from sunrise to sunset); if it began during the night *onah* they must separate during the entire night *onah* (from sunset to sunrise). However, if the *veses* is that of the *onah benonis*, they must separate for the entire 24 hours of the thirtieth day, i.e. from the beginning of the evening till the end of the following day. With regard to this there is no difference whether the onset of her period was during the day or night.

4. It was explained earlier (ch. 8, par. 3) that with regard to *vestos*, day and night are fixed by sunrise and sunset: day is from sunrise to sunset and night is from sunset to sunrise.

B) Examination:

5. During the day that the woman expects her menstrual period — be it a regular or irregular *veses*, monthly *veses*, interval *veses*, or *onah benonis* (and so, too, the other categories of *vestos*), she must examine herself internally with an *ed* (an examination cloth; see ch. 4 for the details of this examination). Even if she is a woman who generally feels symptoms before the onset of menstruation (a headache, etc.) and does not now feel anything, she must nevertheless examine herself.

6. The woman must examine herself during the *onah* of the *veses* at the same time of day that she experienced her previous period, or sometime later on, before the end of that *onah*. For example: Her period began on the 5th day of the month at 8:00 a.m. When the 5th day of the following month arrives, she must examine herself (because of the suspected monthly *veses*) on that day between 8:00 a.m. and sunset. Another example: Her period began on the 5th night of the month at 10:00 p.m. She must then examine herself on the 5th night of the following month from 10 p.m. on.

7. In the case of a an established regular cycle, or in the case of the *onah benonis*, after the *onah* has passed, husband and wife may engage in marital relations only after the husband asks his wife if she examined herself and is *tahor*.

8. If for some reason she did not examine herself during the *onah*, and she did not feel any flow of blood, the law is as follows: If she has a regular menstrual cycle, or if it was the *onah benonis*, marital relations are forbidden until she examines herself. However, even if she examines herself only long after the *onah*, she is nevertheless *tahor* thereafter. In the case of an irregular

cycle, once the *onah* has passed, relations are permitted even without an examination.

9.   If, in the case of a regular *veses* or the *onah benonis*, she did not examine herself and bathed in the interim, she must consult a Rabbi.

10. A husband who is about to set out on a journey may perform his conjugal duties even when it is the *onah* of her anticipated period. Nevertheless, it is praiseworthy to appease her instead, until she agrees to forego her conjugal rights. But one need not be strict at all in regard to the laws designed to keep husband and wife at a distance (see ch. 3). (He has, however, no conjugal duty if his journey is for the purpose of a *mitzvah*.)

CHAPTER TEN

Examination before Marital Relations

1. A woman who has a regular menstrual period (see ch. 8, par. 4 as to what constitutes a regular period) need not examine herself either before or after intercourse.

2. The same applies in the case of a woman who does not have a regular period, but has certain fixed days when she does not see blood. These days are considered to be as a regular period with regard to the law of not needing an internal examination either before or after intercourse.

For example: a woman who never menstruates the first 14 days after immersion, but afterwards she is irregular, sometimes menstruating on the 15th day from her immersion, sometimes on the 16th, etc. During these first 14 days she has the same halachic status as a woman with a regular period, and need not examine herself. After these 14 days, it is proper for a G-d-fearing couple to be strict — the wife examining herself before and after intercourse.

3. The law of examining oneself the first three times after marriage is explained in ch. 13, par. 7.

4. A woman who is more than three months pregnant and a mother within 24 months after childbirth need not examine herself either before or after intercourse. This applies even if she has stopped nursing or the baby died, G-d forbid. Even if she has menstruated during this time period, in which case the laws of *veses* apply to her as to other women (see ch. 11, par. 2), she can nevertheless be lenient regarding examination before and after intercourse.

CHAPTER ELEVEN

Pregnancy, the Nursing Period, and Older Women

1. A woman, who is more than three months pregnant and a mother for 24 months after childbirth — even if she has stopped nursing or the baby died, G-d forbid — are presumed to have ceased menstruating. Therefore, none of the laws of a regular *veses* (see ch. 8) apply in their case.

2. If these women do menstruate during these times (even if formerly they had a regular period, and now menstruate in their former regular time), they need anticipate subsequent menstruation for the next month only. At that time they must anticipate the monthly *veses*, the interval *veses* and the *onah benonis*, as is the case with an irregular *veses*.

3. When a woman menstruates even once after the conclusion of her pregnancy and nursing period, she once again begins to observe the original *veses* that she observed prior to her pregnancy.

4. A pregnant or nursing woman who felt her uterus opened to release blood, or one of the other sensations known to women, is *tahor* if she examined herself and found nothing and her halachic status is not the same as other women (see ch. 1 par. 7).

5. A woman who is more than three months pregnant and a mother for 24 months after childbirth — even if she has stopped nursing or the baby died, G-d forbid — need not examine herself either before or after intercourse. Even if she has menstruated, in which case the laws of *veses* apply (as above, par. 2), one can be lenient in respect to the examination before and after intercourse.

6. An older woman who has not menstruated for three months, is presumed to have ceased menstruating. Even if she menstruates afterwards once or twice and becomes *tameh*, she need not anticipate any further *vestos*. But if she menstruates three times, her halachic status is the same as any other menstruating woman. If she formerly had a regular *veses*, and then, after ceasing to menstruate, she menstruated — even once — at the time of her former *veses*, she reverts to her previous status and must observe her *vestos* in the same manner as do women who have a regular *veses*.

CHAPTER TWELVE

Laws of a Bride

1.   Every bride must, before her wedding, perform a *hefsek taharah*, count seven clean days, and then immerse in a *mikvah* — as does any *niddah* (but she need not wait the five days). This applies whether she is a virgin or not, and even to an older woman who has ceased menstruating.

2.   She may perform the *hefsek taharah* and count the seven clean days only after the wedding date has been set. If she performed the *hefsek taharah*, counted the seven clean days, and immersed in a *mikvah*, and then the wedding date was postponed, the law is very complex, and she may have to recount and reimmerse. She should therefore consult a Rabbi.

3.   Although the examination performed by a bride must be like that performed by a woman who is in *niddah* (see ch. 4), nevertheless, if she is a virgin and cannot insert the *ed* too deeply, it suffices for her to examine herself to the extent possible.

4.   The immersion should take place as close to the wedding as possible. It should certainly be no more than four nights before, (e.g., if the wedding is set for Wednesday, she should not immerse before Saturday night).

5.   If for some reason there is a lapse of time between the immersion and the wedding (or, if for some reason, she did not immerse immediately upon the conclusion of the "seven clean days") she must examine herself daily until she engages in marital relations. This law applies even if she advanced her immersion by only one day.

6. If at all possible, the wedding should be scheduled for a date during which the bride is expected to be *tahor*. If this is impossible or if the bride became a *niddah* before the wedding, or if she became a *niddah* after the wedding but before engaging in marital relations, the bride and groom are forbidden to be alone in a room or a house without other company.

In such a case, it is customary to have two people present at night: a young boy who stays with the groom and a young girl who stays with the bride. They should be less than 9 years of age, but old enough to divulge what they see. During the day, one companion, either a boy or a girl is sufficient. If there is no minor who can be with them, a Rabbi should be consulted.

7. If the bride is *tameh*, it is proper and customary to inform the groom of the fact before the wedding ceremony.

CHAPTER THIRTEEN

The Wedding Night

1. The first act of intercourse is called *be'ilas mitzvah*. It should not be deferred beyond the wedding night.

2. When the bride is a virgin, the groom consummates the marital act although hymenal blood is flowing. However, afterwards she is considered to be *tameh* as a full-fledged *niddah* (with two exceptions, as enumerated in par. 4). Her husband must separate from her and observe all the restrictions outlined in ch. 3.

3. It may happen that there is no hymenal blood, either because he cannot complete the marital act or for other reasons. In such a case, if his entire organ has not entered she should examine herself and the bed sheets, and the husband should also examine himself. If absolutely no trace of blood is found, she is *tahor* and he may cohabit with her again that night or on another night. Nevertheless, a scrupulous person should try to complete the marital act at one time. However, if his entire organ entered, she is *tameh* as in par. 2, even if there was no emission of semen and absolutely no blood was found.

4. There are two aspects in which the law of hymenal blood is more lenient than the law of a *niddah*: (a) He may lie on her bed after she has left it. In the case of a *niddah*, however, he is forbidden to lie on her bed even when she is not present (ch. 3, par. 17). (b) She need not wait five days to perform the *hefsek taharah* as in the case of a *niddah*. Rather, she may perform the *hefsek taharah* on the fourth day after the marital act, and count the fifth day as the first of the seven clean days. For example: If she cohabited with her husband on

Sunday night, she may perform the *hefsek taharah* on Thursday, and Friday is the first of the "seven clean days."

5. The above two points in which the law of the bride is more lenient, apply only if she did not menstruate after intercourse. If she did, these leniencies do not apply. However, if she menstruated a number of days after the sighting of hymenal blood she may begin counting the five days (which must pass before she can begin counting the "seven clean days") from the time she engaged in intercourse.

6. As long as she experiences even a small degree of pain during intercourse, she should examine herself and the bed sheets afterwards. If she finds even one drop of blood, she is *tameh*.

7. After hymenal bleeding has completely ceased (i.e. intercourse took place without any blood being found) she must examine herself before and immediately after the next three times she engages in intercourse. The husband must also wipe himself with a cloth after intercourse and check for blood. If no blood was found on these three occasions, she has the same halachic status as all women who need examine themselves only when they are likely to experience their period (see ch. 10).

CHAPTER FOURTEEN

Laws of Childbirth

1.   A woman who has given birth, whether the child lives or is, G-d forbid, stillborn, she is considered to be *tameh* like a *niddah* even if she saw no blood.

2.   If she gave birth to a boy, then after she ceases bleeding and is able to become *tahor*, she makes a *hefsek taharah*, counts the "seven clean days," and immerses herself and becomes *tahor*. If she gave birth to a girl, a minimum of 14 days must pass from the date of birth before she may immerse herself and become *tahor*. Therefore, the *hefsek taharah* and the counting of the "seven clean days" must therefore be done in a manner that the immersion will not occur prior to the night of the 15th day from birth.

3.   When a woman miscarries and the sex of the fetus is not known, if the miscarriage took place more than 40 days after conception, she may not immerse herself until (at the very least) the night of the 15th — since the fetus may have been female.

4.   If she miscarried within forty days, it is not considered a fetus to render her *tameh* as after giving birth. Instead, she is *tameh* as a *niddah*, even if she did not see blood (for, as our Sages said, the uterus cannot open without emitting blood).

5.   If, in the case of a caesarean birth, blood came out only through the abdomen, the mother is completely *tahor*.

6.   If a woman is in labor and the labor is so advanced that she must lie down for delivery, we assume that blood was discharged (even if there is no evidence of blood) and she therefore has the status of a

niddah. If labor pains were experienced and then ceased, a Rabbi must be consulted to determine if she is *tahor.*

Glossary

Be'ilas Mitzvah — First marital act, considered a special mitzvah.

Bor al gabei Bor — lit. "pool on top of pool." Special way of constructing a *mikvah* encouraged by the *Rebbe Rashab*.

Borchu — lit. "Blessed." Said at the beginning of *Ma'ariv* prayer.

Chafifah - The various steps taken in preparation for immersion.

Chatzitzah — Intervening substance between body and *mikvah* waters.

Ed — Cloth used for internal examination to ascertain presence or absence of bleeding.

Eiruv — Halachic device whereby carrying is permitted on Shabbos within an enclosed area.

Erev Shabbos / Erev Yom Tov — The day preceding Shabbos (Friday)/ the day preceding Yom Tov.

Gris — Type of legume. Minimum size of a stain which renders a woman *tameh*. Circle approx. 14 millimeters in diameter.

Hagba'ha — Lifting and displaying the Torah scroll subsequent to its public reading.

Harchakos - Conduct between husband and wife during the *Niddah* period.

Hefsek Taharah — "Conclusion in Purity." Internal examination performed to ascertain complete cessation of menstrual bleeding. Without it, the counting of the seven clean days cannot begin.

Kabbolas Shabbos — lit. "Reception of the Shabbos." Prayer said on Friday night to welcome or usher in the Shabbos.

Kiddush — Sanctification of Shabbos or Yom Tov, recited over a cup of wine.

Kores — Excision of the soul.

Kos shel Berachah — A cup of wine which has been used to fulfill a *mitzvah*, such as *kiddush*.

Libun — The seven clean days following the *hefsek taharah*.

Ma'ariv — The evening prayer.

Makpid — When something bothers a person to the extent that they would normally remove it; used in the context of a *chatzitzah*.

Mekabel Tumah — lit. "Accepts ritual impurity". Only certain materials and kinds of vessels are *mekabel tumah* — i.e. capable of entering a state of ritual impurity.

Min HaTorah - Any prohibition of Biblical origin is min haTorah, as opposed to a prohibition of Rabbinic origin.

Mikvah — Pool of water built to ritually established specifications, in which a woman immerses to leave her state of being a *niddah*.

Mitzvah — Commandment or good deed.

Moch Dochuk — Cloth inserted and left in the vaginal canal as part of the *hefsek taharah* procedure.

Motzoei Shabbos / Motzoei Yom Tov — The night immediately following the conclusion of Shabbos (i.e., Saturday night) or Yom Tov.

Niddah — Woman who has become *tameh* through seeing blood assumed to have originated in her uterus. Commonly refers to a menstruating woman.

Onah — Period of time either from sunset to sunrise (a night *onah*), or from sunrise to sunset (a day *onah*).

Onah Benonis — The average menstrual cycle which is halachically fixed by our Sages at 30 days. (The onset of the following menstrual period is suspected on the 30th day).

Rebbe Rashab — Fifth *Rebbe* of *Chabad*. He encouraged the building of a *mikvah* of *bor al gabei bor*.

Sefer Torah — The Torah Scroll.

Shivah Neki'im - Counting of the seven clean days.

Taharah — See *tahor*.

Tahor — Ritually or spiritually clean.

Tameh — Ritually or spiritually unclean. Ritual uncleanliness may result from many possible causes.

Tevilah - Immersion in a *Mikvah*.

Tumah — See *tameh*.

Tzedakah — Charity.

Veses — (pl. *vestos*) The menstrual period.

Yetzer Hora — Inclination to do evil.

טומאת לידה אלא טמאה כנדה, אפילו אם לא ראתה דם
(דקבלו חז"ל שאי אפשר לפתיחת הרחם בלא דם) [4].

ה. תינוק הנולד על ידי ניתוח קיסרי (קייזר-שניט), אם לא
יצא דם אלא דרך דופן, אמו טהורה מלידה ומנדה [5].

ו. אשה שאחזוה חבלי לידה חזקים ומשערים שהגיע זמנה
לישב על המשבר (ר"ל המקום שכורעת שם ללדת), יש
לחוש שראתה דם ונחשבת כנדה, ואם פסקו החבלי לידה
צריכה לשאול אצל רב מורה הוראה אם טהורה היא [6].

———●———

4) שם ס"ב.
5) שם סי"ד.
6) שם פתחי תשובה סק"ח ועוד.

ז. לאחר שכלו כל בתוליה דהיינו שבעל פעם אחת ולא מצאה דם, הדין הוא שבג׳ בעילות הבאות צריכה בדיקה לפני ואחרי התשמיש מיד, וגם הבעל יקנח עצמו בעד (מטלית) לאחר התשמיש ויבדוק אם לא נמצאה עליו אפילו טיפת דם. ואם בג׳ פעמים אלו לא נמצא שום דם הרי היא עכשיו ככל הנשים שאינן צריכות בדיקה אלא בימים שעלולה לראות בהם דם, כמבואר לעיל סימן י׳[10].

סימן יד

דיני יולדת

א. יולדת, בין שילדה ולד חי בין שילדה ולד מת, הרי היא טמאה כנדה אפילו כשלא ראתה שום דם[1].

ב. כיצד נטהרת, כשנפסק דמה ויכולה ליטהר, אם ילדה זכר פוסקת בטהרה וסופרת ז׳ נקיים וטובלת. ואם ילדה נקבה אסורה לטבול עד ליל ט״ו מיום הלידה. ולכן תפסוק בטהרה ותספור ז׳ נקיים באופן שהטבילה לא תחול לפני ליל ט״ו מיום הלידה. ואם טבלה קודם לכן לא עלתה לה טבילה[2].

ג. אשה שהפילה ואינה יודעת מהו, אם הפילה לאחר ארבעים יום מתחילת ההריון, חוששת שמא נקבה היתה ולכן אינה טובלת עד (לכל הפחות) ליל חמשה עשר[3].

ד. אבל אם הפילה בתוך ארבעים יום אינו חשוב ולד לטמאותה

---

10) שו״ע קפ״ו ס״ב.

1) סימן קצ״ד ס״א.

2) שם.

3) שם ס״ט.

אחת. אבל אם הכניס כל האבר אף על פי שלא הוציא זרע ולא נמצא דם כלל, טמאה, כבסעיף ב׳[3].

ד. בשני דברים הקילו בדם בתולים לגבי נדה גמורה:

א) דלאחר שיצאתה ממטתה מותר לו לישן במטה שלה[4]; מה שאין כן בנדה גמורה דאסור לו לישן על מטתה אפילו כשאינה שם, כמבואר בסימן ג׳ סעיף י״ז.

ב) שאינה צריכה להמתין חמשה ימים בכדי להפסיק בטהרה כנדה, כמובא לעיל בסימן ד׳ סעיף א׳, אלא יכולה להפסיק בטהרה ביום רביעי לבעילתה ולהתחיל במנין ז׳ נקיים ביום חמישי, דהיינו שאם נבעלה באור ליום ב׳ מפסקת בטהרה ביום ה׳ ויום ו׳ הוא יום ראשון לז׳ נקיים[5].

ה. שתי קולות אלו (דסעיף ד׳) הם רק אם לא פירסה נדה אחר בעילתה, אבל אם פירסה נדה אין לה קולות אלו[6]. ומכל מקום אם כמה ימים אחרי הדם בתולים הגיע דם וסתה יכולה למנות החמשה ימים (שצריכה להמתין לפני ספירת ז׳ נקיים) מזמן הביאה[7].

ו. כל זמן שמרגשת קצת כאב בשעת תשמיש יש לה לבדוק עצמה[8] וסדינה[9] אחר תשמיש, ואם מצאה דם אפילו טיפה אחת הרי היא טמאה.

---

3) שם.
4) שם ופס״ד ס״ג.
5) ט״ז קצ״ג סק״ד ובפס״ד ס״ב וס״ג.
6) פס״ד ס״ב שם.
7) תשורת שי סי׳ ק׳. שלחן העזר ס״י סקי״א, ועיין טהרת ישראל קצ״ג סק״ה.
8) תשורת שי מהד״ת קל״ג, קל״ה.
9) עיין ערוך השלחן קצ״ג סקי״א, ועיין בספר חקר הלכה.

אחד קטן או קטנה[7]. ואם אין שם קטנים ישאלו רב מורה הוראה.

ז. אם הכלה איננה טהורה טוב להודיע לחתן לפני החופה, וכן נוהגין[9].

סימן יג

דם בתולים

א. ביאה ראשונה נקראת בעילת מצוה ואין לדחותה ללילה אחרת[1].

ב. כשהכלה בתולה יגמור ביאתו אף על פי שדם בתולים יורד ושותת, אבל לאחר הביאה הרי היא טמאה כנדה גמורה (חוץ מב׳ דברים — כדלהלן סעיף ד׳), וצריך לפרוש ממנה ולנהוג בה כל דיני הרחקה המבוארים לעיל בסימן ג׳[2].

ג. לפעמים קורה שבועל בעילת מצוה ואינו מוצא דם בתולים משום שאין בכחו לגמור ביאתו או מטעמים אחרים, והדין בזה הוא, שאם לא הכניס כל האבר תבדוק עצמה וסדינה, וגם הבעל יבדוק עצמו, ואם לא נמצא דם כלל אפילו כל שהוא, אזי טהורה היא, ויכול לבעול עוד הפעם בלילה זו או בלילה אחרת, ומכל מקום בעל נפש ישתדל לגמור ביאתו בפעם

9) שו״ע אה״ע סוף סי׳ ס״א.

1) טהרת ישראל קצ״ג ס״ג.

2) שו״ע ופס״ד קצ״ג ס״א.

ג. אף שבדיקת הכלה צריכה להיות כבדיקת נדה גמורה כמבואר בסימן ד׳, מכל מקום כלה בתולה שאי אפשר לה להכניס עד הבדיקה בעומק כל כך, די לה שתבדוק כפי האפשרי[3].

ד. לכתחילה ראוי להסמיך הטבילה לבעילת מצוה כמה שאפשר, ועל כל פנים אין להקדים יותר מד׳ לילות (דהיינו שאם נשאת ברביעי בשבת לא תטבול לפני מוצאי שבת)[4].

ה. אם מאיזה טעם הוצרכה להרחיק הטבילה מבעילת מצוה (או שמשום איזו סיבה עדיין לא טבלה בכלות הז׳ נקיים[5]) צריכה לבדוק את עצמה בכל יום ויום עד זמן בעילת מצוה. וכן הדין אפי׳ הקדימה טבילתה רק יום אחד[6].

ו. לכתחילה משתדלים לקבוע זמן החתונה בזמן שלפי החשבון תהי׳ טהורה[6], ואם אי אפשר, או שנתקלקלה ופירסה נדה לפני החתונה או לאחר החופה לפני שבא עליה, אסורים להתייחד בחדר אחד או בדירה אחת בלי שומרים[7].

נוהגים לקחת בלילה שני שומרים, קטן אצל החתן וקטנה אצל הכלה, ויהיו פחותים מט׳ שנים[7] ולא קטנים יותר מדאי אלא שיודעין כבר לגלות סוד[8], וביום די בשומר

3) פס״ד ס״ד שם.

4) רמ״א ס״ב ופס״ד ס״ו שם.

5) קיצור שו״ע קנ״ז ס״א.

6) לצאת לשיטת הרמב״ם (פ״י דהל׳ אישות ה״ב) דאין חופת נדה מועלת כלל.

7) שו״ע ס״ד ופס״ד סי״ז שם.

8) ועי׳ בספר דבר הלכה על הלכות איסור יחוד סי׳ ד׳ שמביא כמה שיטות מאיזה גיל מתחיל שיעור זה.

ה. מעוברת שעברו עליה ג׳ חדשים והוכר עוברה, ומניקה כל כ״ד חודש אפילו מת הולד או גמלתו ואינה מניקה, אינן צריכות בדיקה כלל לא לפני התשמיש ולא לאחריו, ואף שאם רואות דם חוששות לוסתן כשאר נשים, כדלעיל סעיף ב׳, מכל מקום לענין זה יש להקל[5].

ו. אשה זקנה שכבר פסקה מלראות ג׳ חדשים הרי היא בחזקת מסולקת דמים, ואף אם חזרה וראתה פעם אחת או שנים ונטמאה, אינה צריכה לחוש כלל, אבל אם ראתה ג׳ פעמים חוששת כשאר נשים. וכן אם היה לה וסת קבוע מקודם וחזרה וראתה ביום וסתה אפילו פעם אחת, חזרה לקדמותה וחוששת ככל הנשים החוששות לוסת הקבוע[6].

סימן יב

דיני כלה

א. כל כלה לפני החתונה בין בתולה בין בעולה ואפילו זקנה שכבר פסקה מלראות צריכה לעשות הפסק טהרה ולספור ז׳ נקיים ולטבול כדין כל נדה[1], (אבל אינה צריכה המתנת חמשה ימים).

ב. ההפסק טהרה וז׳ נקיים יכולה לעשות רק לאחר שקבעו זמן החתונה. ואם הפסיקה בטהרה וספרה ז׳ נקיים וטבלה ואחר כך נדחו הנשואין מחמת איזו סיבה, ישנן בזה כמה חילוקי דינים ולפעמים צריכה לחזור ולספור ולטבול עוד הפעם, ולכן תשאל רב מורה הוראה[2].

---

5) שו״ע אדה״ז קפ״ו סק״ז.

6) שו״ע קפ״ט כ״ח־ל״א ובאר הגולה.

1) סימן קצ״ב ס״א ופתחי תשובה סק״ב.

2) שם ס״ב וס״ג. פסקי דינים ר־ט״ז.

ג. דין בדיקת ג׳ פעמים ראשונים אחר הנשואין מבואר
לקמן סימן י״ג סעיף ז׳.

ד. מעוברת שעברו עליה ג׳ חדשים והוכר עוברה, ומניקה
כל כ״ד חודש אפילו מת הולד או גמלתו ואינה מניקה,
אינן צריכות בדיקה כלל לא לפני התשמיש ולא לאחריו, ואף
שאם רואות דם חוששות לוסתן כשאר נשים, כדלקמן סימן
י״א ס״ב, מכל מקום לענין זה יש להקל[4].

סימן יא

מעוברת מניקה וזקנה

א. מעוברת שעברו עליה ג׳ חדשים והוכר עוברה, ומניקה
כל כ״ד חודש אפילו מת הולד או גמלתו ואינה מניקה
הרי הן בחזקת מסולקות דמים, ולא שייכים בהן כל דיני וסת
קבוע דלעיל סימן ח׳[1].

ב. ואם רואות תוך זמן זה (אפילו היה להן וסת קבוע
ורואות בזמן וסתן), חוששות רק פעם אחת לוסת החודש
ולהפלגה ולעונה בינונית, כדין וסת שאינו קבוע[2].

ג. לאחר שעברו ימי העיבור וההנקה וכבר ראתה פעם
אחת, חוזרת לחוש גם לוסתה הראשון דקודם עיבורה[3].

ד. מעוברת ומניקה שהרגישו שנפתח מקורן להוציא דם
וכיוצא בזה מהרגשות הידועות לנשים, ובדקו ולא מצאו
כלום (ראה לעיל סימן א׳ סעיף ז׳), הרי הן טהורות, ואינן
דומות לשאר נשים דלעיל סימן א׳ סעיף ז׳ עיי״ש[4].

---

4) שו״ע אדה״ז שם סק״ז.

1) שו״ע קפ״ט ל״ג ל״ד.

2) שם ושו״ע אדה״ז ס״ק קי״ד קט״ו.

3) שם ושו״ע אדה״ז ס״ק קט״ז.

4) שו״ע אדה״ז ק״צ סק״ב.

אבל בנוגע לשאר הרחקות אין להחמיר כלל[14] (ואם הולך
לדבר מצוה אין צריך לפקוד אותה[15]).

סימן י

בדיקה לפני תשמיש

א. אשה שיש לה וסת קבוע (ראה לעיל סימן ח' סעיף ד' מה
נחשב וסת קבוע), אינה צריכה בדיקה כלל לא לפני
תשמיש ולא לאחר תשמיש[1].

ב. וכן אשה שאין לה וסת קבוע אבל יש לה קביעות ימים
מסויימים שאינה רואה בהם דם, הרי ימים אלו נחשבים אצלה
כוסת קבוע לענין שאינה צריכה בדיקה בהם לפני ולאחר תשמיש,
ולדוגמא: אשה שאינה רואה דם בפחות מי"ד ימים אחר
טבילתה (אבל אחר כך אין לה קבע שפעמים תראה בט"ו
ופעמים בט"ז וכו'), הרי עד י"ד ימים אינה צריכה בדיקה
כלל, ולאחר י"ד ימים ראוי לבעל נפש להחמיר להצריכה[2]
בדיקה לפני ולאחר התשמיש[3].

---

14) שם סקל"ה.

15) שו"ע שם ס"י.

1) רמ"א קפ"ו ס"א.

2) באגרות קודש מכ"ק אדמו"ר מוהרש"ב סי' כ"א כתב שצריך לצוות
לאשתו, אבל בתשובת ר' חיים משלם זלמן נאימרק לשו"ת רבינו הנ"ל
(שנדפסה בקובץ יגדיל תורה נ.י. חוברת ו (מד)) כתב דבאין לה וסת,
האשה מצד עצמה ראוי לה לחוש ולבדוק.

3) שו"ע אדה"ז סקפ"ו ס"ק ז'. ובנוגע לבדיקת הבעל לאחר תשמיש —
ראה אגרות קודש מכ"ק אדמו"ר מוהרש"ב סי' כ' וכא, ובספר אוהלי
יוסף דיני וסתות ס"א וס"ג. וראה במסגרת השולחן סקנ"ד סי"ב וי"ד
ובהגהות שם. ועיין בשו"ת אדה"ז ססי"ט.

ו. צריכה לעשות הבדיקה בעונת הוסת בשעה שהיתה ראייתה הקודמת או אחר כך עד לפני סוף העונה[6]. ולדוגמא: אם ראתה בחמישי בחודש בבוקר בשעה 8:00 (וכיוצא בזה), כשיגיע החמישי בחודש הבא צריכה לעשות הבדיקה (מצד חשש וסת החודש) משעה 8:00 בבוקר עד לפני השקיעה. או אם ראתה בליל חמישי בחודש בשעה 10:00 (וכיוצא בזה) צריכה לבדוק את עצמה בליל חמישי בחודש הבא משעה 10:00 ואילך.

ז. אחר שעברה העונה, בוסת הקבוע או בעונה בינונית, אסור לבוא עלי׳ עד שישאלנה אם בדקה עצמה והיא טהורה[*6].

ח. עברה עונתה ומאיזה סיבה לא בדקה ולא הרגישה שום הרגשת יציאת דם — בוסת קבוע או בעונה בינונית[7] אסורה עד שתבדוק, ואפילו עבר זמן מרובה[8], בודקת ומותרת[9]. אבל בוסת שאינו קבוע, כיון שעברה העונה שחוששת לה ולא ראתה מותרת בלא בדיקה[10].

ט. בוסת קבוע ובעונה בינונית אם עברה עונתה ולא בדקה ורחצה בינתיים תשאל רב מורה הוראה[11].

י. הרוצה לצאת לדרך צריך לפקוד את אשתו אפילו בתוך עונת הוסת[12]. ומ״מ המחמיר שלא לפוקדה, רק שיפייסה וידבר על לבה עד שתתרצה ותמחול לו, תבוא עליו ברכה[13].

---

6) שו״ע אדה״ז סקפ״ט סק״ד.

*6) שו״ע סקפ״ד סי״א.

7) שו״ע סקפ״ט ס״ד.

8) שו״ע אדה״ז סקפ״ד ס״ק כ״ט.

9) שו״ע סקפ״ד ס״ט, סקפ״ט ס״ד.

10) שם.

11) לחם ושמלה סקכ״ו וקצור שו״ע סקנ״ה ס״ט. בדעת אדה״ז בזה — שקלו וטרו בקובץ יגדיל תורה נ.י. (גליון לז, סי׳ קעב).

12) שו״ע סקפ״ד ס״י.

13) שו״ע אדה״ז שם סקל״ג.

סימן ט

פרישה ובדיקה בעונת הוסת

א. נתבאר לעיל בסימן ח׳ סעיף ב׳ שכשיגיע הזמן שעלולה
לראות בו דם לפי חשבונות הוסת: 1) חייבים הבעל
והאשה לפרוש זה מזו, 2) והאשה צריכה לבדוק את עצמה.

1) פרישה:

ב. חייבים לפרוש מתשמיש המטה[1], והמחמיר לפרוש גם מחיבוק
ונישוק, וכל שכן שלא לישון במטה אחת, תבוא עליו ברכה[2].

ג. כמה זמן פורשים זה מזו? בוסת החודש או בוסת הפלגה,
פורשים עונה אחת, דהיינו: שאם תחילת ראייתה (שמכחה
נוצרו חששות הוסת שחוששת להם עתה) היתה ביום חייבים
לפרוש כל היום, ואם היתה בלילה חייבים לפרוש כל הלילה[3].
אבל בעונה בינונית חייבים לפרוש ביום השלושים מתחילת
הלילה עד סוף היום בין אם תחילת ראייתה היתה ביום או
בלילה[4].

ד. נתבאר לעיל (סימן ח׳ סעיף ג׳) שבנוגע לוסתות, היום
נחשב מהנץ החמה עד שקיעתה והלילה נחשבת משקיעת
החמה עד נץ החמה.

2) בדיקה:

ה. בכל ימי חשש וסתה, קבוע או אינו קבוע, בין לוסת החודש
או הפלגה או עונה בינונית (וכן בשאר סוגי הוסתות)
צריכה לבדוק את עצמה ב"עד" הבדיקה[5], כמבואר לעיל בסימן
ד׳ פרטי דיני הבדיקה, אפילו אם לא הרגישה שום הרגשה
שבדרך כלל מרגישה לפני ביאת הוסת (כאב ראש וכדומה).

---

1) שו"ע סקפ"ד ס"ב.
2) שו"ע אדה"ז שם סק"ו.
3) שו"ע אדה"ז שם סק"ה.
4) שו"ע אדה"ז סקפ"ט סק"א.
5) שו"ע סקפ"ד ס"ט.

ההפלגה השניה היתה יותר גדולה מן הראשונה, ולדוגמא: שההפלגה הראשונה הפליגה 34 עונות ובהפלגה השניה הפליגה 40 עונות אזי ההפלגה הגדולה (בת 40 עונות) עוקרת את ההפלגה הקטנה (בת 34 עונות) ומכאן ולהבא חוששת רק ל־40 עונות.

טז. ישנם עוד כמה סוגי וסתות שאינם שכיחים כל כך אבל כשהם נקבעים יש צורך לחוש להם, כמו וסת הדילוג, דהיינו שרואה כל חודש בדילוג יום או יומיים (לדוגמא: א׳ ניסן, ב׳ אייר, ג׳ סיון וכיוצא בזה), או ששינתה הפלגתה במספר שווה כל חודש (לדוגמא: ההפלגה הראשונה היתה בת 40 עונות, השניה בת 41 עונות, השלישית בת 42 עונות וכיוצא בזה); או וסת הסירוג, דהיינו שמתחילה לראות כל כמה חדשים או כמה שבועות באותו היום בחודש או בשבוע; או וסת הגוף, שרגילה במיחושים עם הראיה כגון כאב ראש והבטן או חום וכיוצא בזה — בכל מקרים אלו ישנם כמה חילוקי דינים מתי נקרא וסת קבוע ומתי אינו נקרא וסת קבוע ומתי נקרא קבוע רק לחומרא ולא לקולא[18], ולכן צריכה האשה לרשום אצלה בדיוק בהלוח כל הזמנים שראתה וכו׳ ואם יש חשש שיש לה אחד מוסתות אלו באופן קבוע תשאל רב מורה הוראה.

יז. אין מחשבין חששות לוסתות מטומאת כתם, שאם מצאה כתם אינה צריכה לחשוש לו בחודש הבא לא ליום החודש ולא ליום ההפלגה ולא לעונה בינונית, ואף אם מצאה הכתם שלש פעמים באותו היום בחודש אינה קובעת וסת (אע״פ שהיא נטמאת על ידי הכתם, כמבואר לעיל סי׳ ב׳). אבל דם הנמצא על עד הבדיקה הרי הוא כראיה ממש לכל דיני וסתות[19].

---

18) שו״ע שם ס״ז ואילך.

19) שו״ע סק״ץ סנ״ד, ופס״ד שם.

התחילה לראות בחמישי בחודש (וכיוצא בזה) חוששת בחודש הבא בחמישי בחודש, אבל אם בחודש הבא התחילה לראות רק בשמיני בחודש הרי חשש יום החמישי בחודש נעקר (כיון שלא ראתה בו) ובחודש השלישי חוששת רק ליום השמיני בחודש[14].

יג. אם חלה עונת חשש וסת החודש באמצע ימי הראיה הבאה אינו נעקר בכך. לדוגמא: אם התחילה לראות בשמיני בחודש ובחודש הבא התחילה לראות בחמישי בחודש, הרי כשהגיע יום השמיני של החודש הבא (שהוא יום החשש של וסת החודש) ועדיין נמשכת ראייתה הנוכחית, לא נעקר החשש של יום השמיני בחודש, ובחודש השלישי חוששת ליום החמישי בחודש וליום השמיני בחודש[15].

יד. בוסת החודש אין ראיות אחרות שבינתיים מבטלות את חשש הראיה הקודמת. לדוגמא: אם ראתה בראש חודש וחזרה וראתה בעשרים בו עדיין חוששת לראש חודש דחודש הבא, ונוסף לזה חוששת גם ליום עשרים דחודש הבא שהוא היום ששינתה עתה לראות בו[16].

וסת הפלגה:

טו. הדין בוסת הפלגה הוא שאם בהפלגה השניה ראתה בהפלגה יותר קטנה מן הראשונה, הרי מסוף הראיה השלישית חוששת לשתי ההפלגות הקודמות. לדוגמא: אם ההפלגה הראשונה היתה בת 40 עונות ובהפלגה השניה הקדימה וראתה בהפלגת 34 עונות, הרי מסוף הראיה השלישית חוששת ל-34 עונות וגם ל-40 עונות[17]. אבל אם

(14 שם ס"ב.

(15 שו"ע אדה"ז שם ס"ק ל"ח וס"ח. אבל ראה בספר אוהלי יוסף בדיני ווסתות סכ"ד. וצ"ע.

(16 שו"ע שם סי"ג בהגהה.

(17 שו"ע אדה"ז שם ס"ק מ"ג.

מסוף ראייתה השניה חוששת להעונה ה־41 ואסורה בה.

אם ראתה ארבע ראיות בשלש הפלגות שוות ביניהם, הרי זה וסת קבוע להפלגות.

וסת הפלגה דומה לוסת החודש ושונה מדין עונה בינונית בזה, שבעונה בינונית חוששת ביום השלושים בלילה וביום, אבל בוסת הפלגה ובוסת החודש חוששת רק לעונה אחת.

י. כל זמן שאין לה וסת קבוע (לחודש או להפלגה) חוששת לכל שלשה החששות הנ״ל (עונה בינונית, וסת החודש, וסת ההפלגה), אבל אם יש לה וסת קבוע חוששת רק לקביעותה בלבד, עד שתשנה או תעקור וסתה, וכדלקמן[12].

שינוי ועקירת וסת קבוע:

יא. אשה שיש לה וסת קבוע ושינתה לראות בזמן אחר, פעם או שתים, חוששת לשני זמנים: א) עדיין חוששת לוסתה הקבוע, ב) ולוסתה הֶחָדָשׁ שאינו קבוע (ליום החודש ולהפלגה, אבל לא לעונה בינונית)[13].

וסת קבוע נעקר רק בשלש פעמים, כלומר שיגיע שלש פעמים הזמן שחוששת לו ולא תראה בו.

היות שיש בדין עקירת וסת קבוע כמה פרטי דינים, אזי במקרה שקבעה וסת תשאל רב מורה הוראה.

שינוי ועקירת וסת שאינו קבוע:

עקירַת וסת החודש:

יב. אשה שיש לה וסת שאינו קבוע (אפילו אם ראתה שתי פעמים ביום מסויים אבל עדיין אינו קבוע), נעקר הוסת בפעם אחת, כלומר שאם הגיעה עונת חשש וסתה ולא ראתה בה שוב אינה חוששת לה בחודש הבא. לדוגמא: אם

---

12) שו״ע סקפ״ט סי״ג ובהגהה ובשו״ע אדה״ז שם.

13) שם סי״ד.

תפרוש בחודש הבא כל אותו היום (דהיינו מנץ החמה עד שקיעת החמה) ואם בחודש העבר ראתה בלילה תפרוש בחודש הבא באותו התאריך כל הלילה (דהיינו משקיעת החמה עד נץ החמה)[8].

3) וסת החודש שונה מדין עונה בינונית בזה שבעונה בינונית חוששת ביום השלושים בלילה וביום, אבל בוסת החודש פורשת רק עונה אחת.

4) אם התחילה לראות הוסת החודש שלש פעמים רצופים באותו התאריך, הרי זה וסת קבוע. ולדוגמא: אם ראתה שלש פעמים רצופים ביום השלישי לחודש (וכיוצא בזה) הרי קבעה וסתה ליום השלישי בחודש ואינה חוששת לשאר וסתות. הוסת הקבוע נקבע רק אם ראתה השלש פעמים רצופים באותה העונה. אבל אם ראתה באותו היום בחודש אבל לא באותה העונה לא נקבע הוסת[9].

ט. וסת הפלגה:

"הפלגה" פירוש מרחק הזמן שמפלגת בין ראיה לראיה בלי ראיית דם בינתיים, ואנו חוששים שמספר העונות שמפלגת הוא הגורם ראייתה[10]. הפלגה זו מחשבים בעונות ולא בימים[11].

חישוב ההפלגה הוא מסוף ראייתה לתחילת ראייתה. סוף ראייתה הוא (בדרך כלל) ההפסק טהרה ולאחר ההפסק טהרה מתחלת לספור מספר העונות הנקיות מדם שמפלגת עד הראיה שתראה בפעם הבאה. לדוגמא: אם ראתה דם בהפלגת 40 עונות נקיות (וכיוצא בזה) מסוף ראייתה (הפסק טהרה) הקודמת עד תחילת ראייתה הבאה, אזי כשיעברו 40 עונות

---

8) שו"ע שם סי"ג.

9) שם.

10) שם ס"ב. שו"ע אדה"ז סקפ"ד ס"ק כב.

11) שו"ע אדה"ז סקפ"ט ס"ק לו.

ו. אשה שאין לה וסת קבוע, כיון שאין לה רגילות לראות בזמן קבוע, חוששת לשלשה זמנים אולי באחד מהם תהיה הראיה הבאה, והם: א) עונה בינונית, ב) וסת החודש, ג) וסת הפלגה[4].

ז. עונה בינונית:

עונה פירושה זמן, בינונית פירושה ממוצע ושכיח (לרוב הנשים), היינו שחוששים שמא תראה הוסת כדרך רוב הנשים שהוא ביום השלושים מראייתה הקודמת. ומחשבים שלושים יום אלו מתחילת ראייתה הקודמת, ויום הראיה והיום שחוששת לו הם בכלל השלושים יום. לדוגמא: אם ראתה ביום ראשון בשבוע חוששת שמא תחזור לראות בשני בשבוע בסוף ארבע שבועות. הפרישה בעונה בינונית היא כל המעת־לעת של יום שלושים, דהיינו מתחילת ליל שלושים עד סוף היום (כמבואר לקמן סימן ט׳ סעיף ג׳ [5]).

ח. וסת החודש:

1) וסת החודש פירושה, שאנו חוששים שמא יום מסויים בחודש הוא הגורם ראייתה. לדוגמא: אם ראתה ביום ט״ו לחודש חוששת ליום ט״ו בחודש הבא[6]. בכל דיני וסת החודש אין חילוק אם החודש הוא מלא או חסר והולכים רק אחר התאריך בחודש[7]. כל חשבונות הוסת הם רק לפי לוח העברי ולא הלוח הלועזי.

2) בוסת החודש חוששת רק לאותה העונה בלבד שהתחילה לראות בה, דהיינו אם בחודש העבר ראתה ביום,

---

4) שו״ע סקפ״ט ס״א וסי״ג בהגהה.

5) שו״ע שם ס״א ושו״ע אדה״ז שם סק״א.

6) שו״ע שם ס״ב.

7) שו״ע שם ס״ו.

ופעמים בזמן שאינו קבוע. רגילות זו נקראת בלשון חכמים ״וסת״[1].

ב. כיון שיתכן שהאשה תראה דם בזמן שרגילה לראות בו, לכן הזהירונו חז״ל שכשיגיע הזמן שעלולה לראות בו דם — כלומר יום ״חשש וסתה״ (לפי חשבונות הוסת שיתבארו לקמן) צריך בעלה לפרוש ממנה והאשה צריכה לבדוק את עצמה אם היא טהורה[2]. וכל דיני הפרישה והבדיקה יתבארו לקמן בסימן ט׳.

ג. עונה: עונה פירושה זמן. בדיני וסתות — היום נחשב מנץ החמה עד שקיעת החמה והלילה נחשבת משקיעת החמה עד נץ החמה[3]. הזמן שבין נץ החמה ושקיעת החמה נקרא עונת היום והזמן שבין שקיעת החמה לנץ החמה נקרא עונת הלילה.

ד. וסת קבוע, ווסת שאינו קבוע:

אשה שראתה דם שלש פעמים בזמן קבוע; לדוגמא, שלש פעמים באותו תאריך בחודש או שלש פעמים בהפלגה קבועה (כדלקמן סעיף ט׳), יש לה ״וסת קבוע״. אשה שרואה דם בלא קביעות מיוחדת יש לה ״וסת שאינו קבוע״.

ה. אשה שיש לה וסת קבוע חוששת רק ליום חשש וסתה הקבוע (דהיות שרגילות זו היא באופן קבוע אצלה לכן אינה חוששת שיבוא הדם בזמנים אחרים), וכשתגיע אותה ה״עונה״ תפרוש מבעלה ותבדוק את עצמה (וראה דיני הפרישה והבדיקה להלן בסימן ט׳).

---

1) שו״ע סקפ״ד ס״א.

2) שו״ע אדה״ז סקפ״ד סק״ה.

3) שו״ע אדה״ז סקפ״ד סקי״א-י״ב.

יט. כשתצא מן המים תפגע בה האשה המשגיחה עליה (או
אחרת) ותגע בה. ואם פגע בה דבר טמא כגון כלב
וחתול או עכו"ם קודם שראתה את חברתה, אם היא יראת
שמים תחזור ותטבול[22].

כ. כשהאשה חוזרת לביתה אחר טבילתה, צריכה להוציא
בפיה ולומר לבעלה שטבלה[23].

כא. יש לאשה ליזהר מאד להצניע ולהסתיר ליל טבילתה
שלא ירגישו בה בני אדם, אלא אם כן יש צורך בכך
לבירור הלכה וכדומה[22].

כב. צריך לדקדק שתהא המקוה כשרה בתכלית ההידור,
מפני שטהרת אשתו ובניו אחריו עד סוף כל הדורות
תלויה בכשרות המקוה. ובפרט אותם הגרים בערי השדה
ובישובים קטנים, צריכים לדייק שתהא המקוה בהשגחת רב
מובהק וירא שמים.

כג. במקום שאפשר, יש להדר אחר מקוה "בור על גבי
בור" כפי מה שיסד כ"ק אדמו"ר מהורש"ב נ"ע[24].

כד. במקום שאין מקוה מצוי תשאל רב מורה הוראה אם
מותרת לטבול בים או בנהרות[25].

סימן ח

סוגי הוסתות וקביעותן

א. נשים רגילות לראות דם מזמן לזמן, פעמים בזמן קבוע

---

22) קצ"ח סמ"ח וטהרת ישראל קמ"ו וקמ"ז שם.
23) שו"ע סי' קפ"ה ס"א.
24) לקוטי שיחות חי"ז הוספות לפ' מצורע ועוד.
25) עי' שו"ע יו"ד סי' ר"א ס"ב ועוד.

מגיל י"ב שנה ומעלה, שתראה שהמים יכסו את כל גופה בבת אחת עם שערותיה, ולא תשאר אפילו שערה אחת חוץ למים. ובשעת הדחק שאין לה מי שישגיח על זה תשאל רב מורה הוראה[15]. ואם מסופקת שמא יצא שערה חוץ למים בשעת טבילה מחויבת לטבול שנית[16].

טו. אשה שאינה יכולה לטבול אלא אם כן אוחזין אותה, חברתה מותרת לאחוז בה, ובלבד שחברתה תשים ידיה בתוך המים תחילה, וכשהם עדיין בתוך המים תחזיק בה, אבל רק ברפיון ולא בכח[17].

טז. לאחר שטבלה פעם אחת כראוי, מכניסה גופה במים עד לצווארה*[17], מכסה שערותיה, חובקת ידיה על גופה למטה מלבה, ומברכת "ברוך אתה ה' אלקינו מלך העולם אשר קדשנו במצותיו וצונו על הטבילה", ובעת הברכה לא תסתכל לתוך המים. ונהגו לחזור ולטבול עוד פעם אחר הברכה[18]. ותזהר ששתי הטבילות תהיינה כראוי וכהלכה[19].

יז. נוהגים שהאשה המשגיחה עליה תאמר "כדין טבלה" או "כשר הוא" או לשון כיו"ב, כי אז מכריזין ברקיע גם כן כשר, ועל ידי זה זוכים לבנים טובים[21].

יח. לאחר הטבילה לא תרחץ באמבטיה או במקלחת כל גופה בבת אחת[21].

---

15) שם ס"מ.

16) טהרת ישראל קצ"ח קכ"ט.

17) קצ"ח סכ"ח ולחם ושמלה שם.

*17) שו"ע ס"ר ס"א, ראה לחם ושמלה ס"ק ב', ערוך השולחן ס"ק ג'.

18) סי' ר' ובאר היטב שם (ועי' שו"ע אדה"ז או"ח סי' ע"ד ס"ג־ה').

19) עי' ס' פתחא זוטא ס"ר שם.

20) טהרת ישראל קצ"ח קנ"א בשם האריז"ל.

21) סי' ר"א סע"ה.

י. אין לטבול במקום שיש טיט בקרקע המקוה, ואם אי
אפשר תשאל רב מורה הוראה[11].

יא. לא תטבול בקומה זקופה, ולא כשהיא יושבת, ולא
כשהיא שוחה (מתכופפת) הרבה, כי באופנים אלו ישנם
מקומות בגופה שמסתתרים על ידי כך. אלא תטבול כשהיא
שוחה מעט כדרך שהיא לשה, וידיה ורגליה תהיינה
פרושות מעט לצדדים כמו בעת ההליכה ולא תהיינה
דבוקות לגופה. ואם טבלה בקומה זקופה או כפופה יותר
מדאי, אם אפשר לה לטבול שנית תטבול שנית, ואם קשה
לה לטבול שנית או שקשה לה לטבול כשהיא שוחה קצת,
תשאל רב מורה הוראה[12].

יב. מנהג יפה שתכנס למקוה בעוד כל גופה, גם בית
הסתרים, רטוב ולח ממי הרחיצה, ותטבול. או שתכנס
למקוה עד צוארה ותדיח בידיה עם מי המקוה כל הקמטים,
כגון עיניה ובית השחי וכיוצא בזה, ואחר כך תטבול[13].

יג. לא תעצום עיניה ביותר, ולא תפתחם ביותר, אלא
תסגרם ברפיון. וכן לא תקפוץ פיה יותר מדאי אלא
תשיק שפתותיה זו לזו דיבוק בינוני, ואינה צריכה לפתוח
פיה, וכן לא תסגור ידיה ולא תדחוק אצבעותיה יותר מדאי.
ואם עשתה אחת מכל אלה צריכה לטבול שנית, ואם קשה
לה תשאל רב מורה הוראה. נתנה שערותיה בפיה, לא
עלתה לה טבילה[14].

יד. בשעה שהיא טובלת, צריך שתשגיח עליה אשה מבוגרת

11) קצ"ח סל"ג.
12) שם סל"ה.
13) שם ט"ז סקל"ח.
14) שם סל"ח ול"ט וכ"ז.

ד. אם חל ליל טבילתה בליל שבת או במוצאי שבת (ויום טוב וכיוצא בזה), יכולה לטבול. אבל אם חל ליל טבילתה קודם לכן ומאיזה סיבה לא טבלה, תשאל רב מורה הוראה אם מותרת לטבול אז[5].

ה. קודם שתכנס למקוה תעיין היטב בכל גופה ותמשש בידיה כל מקום שאינה יכולה לראותו בעצמה, ואם לא עיינה קודם הטבילה אפילו עיינה לאחר טבילה ומצאה הכל נקי, לא עלתה לה טבילה[6].

ו. צריכה להטיל מים קודם הטבילה אם צריכה לכך, וכן לבדוק בגדולים[7].

ז. את עניני הטבילה תעשה במתינות וישוב הדעת, ולא במהירות ובבהלה, ועל כן אסור לטבול במקום שיש חשש שיראוה אנשים, כי אז יש לחוש שתמהר ולא תדקדק כראוי בטבילתה[8].

ח. צריך שיהיו מי המקוה כחצי אמה (כ־30 ס״מ) מעל לטבורה[9].

ט. אסורה לטבול כשעומדת על גבי כלי או על גבי דבר המקבל טומאה, ואף בדיעבד לא עלתה לה טבילה. ובנוגע למיני שטיחים (mats) שמניחים על קרקע המקוה, לכתחלה תחמיר שלא לעמוד עליהם, ואם אי אפשר תשאל רב מורה הוראה[10].

---

5) קצ״ז ס״ב.

6) קצ״ט ס״א, ח׳. לחם ושמלה סק״ה שם.

7) קצ״ח סמ״ג.

8) שם סל״ד.

9) קצ״ח סל״ו, שו״ע אדה״ז בדיני תיקון המקוה. ושיעור הס״מ לפי שיעור הרא״ח נאה בספר שיעורי ציון סעי׳ כ״א וכ״ב.

10) שם סל״א, ולדעת כ״ק אדמו״ר מהורש״ב נ״ע יש מקום לחשוש גם בשטיח גומי, פלאסטיק ונײלון. עיין לקו״ש חי״ז בהוספות לפ׳ מצורע.

כג. סתימת שיניים קבועות וכן שיניים תותבות קבועות אינן
חוצצין, ושאינם קבועות צריכה להסירם. וסתימה זמנית
כיון שיש בזה כמה חילוקים תשאל רב מורה הוראה אם
יכולה לטבול[23].

כד. אשה שיש לה תפרים בגופה (stitches) כגון מניתוח
וכיוצא בזה, תשאל רב מורה הוראה.

סימן ז

טבילה

א. לאחר ששלמו שבעת ימי הנקיים ועשתה חפיפה כדין (כמו
שנתבאר לעיל סימן ה') טובלת בלילה (לאחר צאת
הכוכבים), ואפילו אם ממתנת מלטבול כמה ימים אינה טובלת
אלא בלילה[1].

ב. במקרה שיש אונס שאינה יכולה לטבול בלילה, תשאל
רב מורה הוראה אם מותרת לטבול בשמיני ביום, ואיך
תתנהג בזה.

ג. אם בעלה בעיר מצוה לטבול בזמנה ולא תדחה המצוה
ליום אחר[2], ואם הבעל רוצה לנסוע למקום אחר תוך י"ב
שעות לפני טבילתה צריך לדחות נסיעתו, אלא אם הוא נוסע
לדבר מצוה או לצורך גדול[3]. וגם האשה לא תיסע ללא
מחילה מהבעל[4].

---

23) שו"ת אמרי יושר ח"ב סי' קי"ב ועוד.

1) קצ"ז ס"ג.

2) שם ס"ב.

3) שו"ע קפ"ד ס"י ושו"ע אדה"ז שם.

4) שו"ת חתם סופר יו"ד קס"ב.

טז. הדיו, החָלָב, הדבש, והדם שלא במקום הפצע (וכן דם של אדם אחר או שאר בעלי חיים), וכל שרפי האילנות וכל מיני טיט — חוצצין בין יבשים ובין לחים[16].

יז. צבע שצובעות הנשים שערות ראשן לנוי ואין בו ממשות, אינו חוצץ. אבל אם ע״י הרחיצה ניטל מעט מהצבע ועי״ז כבר אינו נאה חוצץ[17].

יח. צריכה לחתוך צפרניה קודם הטבילה, ואם שכחה לחתוך אפילו צפורן אחת וטבלה, צריכה טבילה אחרת, אפילו לא הי׳ תחתיו שום לכלוך. ואם כבר עבר עליה הלילה לאחר טבילתה תשאל רב מורה הוראה[18].

יט. לכלוך שתחת הצפורן חוצץ[19].

כ. יבלת ויותרת שאינם מדולדלים אינם חוצצים[20].

כא. קליפות עור הבשר הקטנות המצויות באצבעות הידים והרגלים אינו חוצץ, אבל אם היא מקפדת או שיש כאב בתנועתם חוצץ[21].

כב. כל דבר הנדבק על השיניים והנכנס ביניהם חוצץ, ולכן צריכה לנקות ולחצוץ שיניה היטב שלא יהא בהם שום דבר החוצץ[22].

---

16) קצ״ח סי״ד וט״ו. ואין אנו בקיאים בסוגי הטיט, סדרי טהרה סק״ל. וגם חוששין להסברא דלח אינו חוצץ היינו משום דכיון דנמחה במים אין מקפידין ובזמנינו מקפידין, סדרי טהרה שם.

17) קצ״ח סעי׳ י״ז ונו״כ.

18) קצ״ח סעי׳ כ׳ ונו״כ.

19) קצ״ח סעי׳ י״ח.

20) רמ״א סעי׳ כ״ב.

21) חכ״א סט״ז ועיין שו״ת הר צבי יו״ד סי׳ קס״ז.

22) קצ״ח סעי׳ כ״ד.

י. דיר (מוגלה) שבתוך הפצע אינו חוצץ. ואם יצא על הפצע
ונגלד או נתייבש, אם הוא בתוך ג' ימים מעת־לעת אינו
חוצץ אבל לאחר ג' ימים חוצץ. ואם יצא הריר ונתפשט על
העור שחוץ למכה, אם רואין שנתייבש, אף בתוך ג' ימים
חוצץ [10].

יא. לפיכך אשה בעלת חטטים (גלדי פצע), צריכה לחוף במים
עד שיתרככו היטב, ואם אפשר לגרד ולהסיר בלי
שתצטער הרבה צריכה לעשות כן [11].

יב. רטיה (תחבושת) שעל הפצע חוצצת וכן משחה מכל סוג,
ואם יש לה רטיה שצריכה להיות שם זמן מרובה ואי
אפשר להסירה, תשאל רב מורה הוראה [12].

יג. קוץ וכיוצא בזה התחוב בבשר, אם אינו שקוע בתוך
הבשר חוצץ, אבל אם הוא שקוע בתוך הבשר ואינו בשוה
עמו (ואפילו אם יכולים לראותו כשהוא תחוב בפנים) וכן אם
עלה עליו קרום, אינו חוצץ. ומכל מקום טוב להוציאו קודם
הטבילה, אם אפשר בקל [13].

יד. לכלוך שעל הבשר מחמת זיעה, אינו חוצץ. אבל אם
נתייבש ונגלד כגליד, חוצץ [14].

טו. מלמולין שעל הבשר (היינו כשאדם מגבל טיט או לש
עיסה ומשפשף ידיו זו בזו נופל מהן כמו חוטין)
חוצצין [15].

---

10) קצ"ח סעי' ט', מלבושי טהרה סי"א.

11) קצ"ח סעי' ט' ונו"כ.

12) קצ"ח סעי' י'.

13) קצ"ח סעי' י"א ונו"כ.

14) קצ"ח סעי' י"ב.

15) קצ"ח סעי' י"ג ונו"כ.

ד. דבר החוצץ שהוא על רוב גופה או על רוב שערה, אפילו אין מקפידין עליו כלל, נחשב לחציצה[4].

ה. לכתחילה צריכה להסיר ולהעביר מעליה כל דבר, ואפילו אם הוא דבר שמן הדין אינו חוצץ[5].

ו. שערה אחת שנקשרה, בין שנקשרה עם שערה אחרת ובין שנקשרה סביב עצמה, והיא מקפדת על זה, או שרוב שערותיה קשורות כל אחת בפני עצמה, אפילו אם אינה מקפדת, נחשב לחציצה. אבל אם הקשר הוא משתי שערות או יותר, בין שנקשרו ב' שערות עם ב' שערות אחרות ובין שנקשרו סביב עצמן, אינו חוצץ (משום שאינם מהודקים כל כך ויכולין המים להכנס ביניהם)[6].

ז. שערות הראש ובית השחי שנדבקו מחמת זיעה, אם נדבקו רוב השערות אפילו של מקום קיבוץ שערות אחד, או שנדבק רק מיעוט השער והיא מקפדת עליו, נחשב לחציצה. אבל השערות שבאותו מקום בכל אופן חוצץ[7].

ח. לכלוך שבעין, אם הוא חוץ לעין חוצץ, בין יבש בין לח. ואם הוא בתוך העין, אם הוא לח אינו חוצץ אבל אם התחיל להוריק ולהתייבש חוצץ[8].

ט. פצע שיש עליו דם יבש הרי הדם חציצה, אבל אם הוא עדיין לח (ואפילו אם נדבק קצת, שכשתשים בו אצבע נמשך והולך ממנו כמין חוט), אינו חוצץ[9].

---

4) קצ"ח סעי' א' ונו"כ.

5) רמ"א שם.

6) שו"ע ונו"כ קצ"ח סעי' ה'.

7) קצ"ח סעי' ו'.

8) קצ"ח סעי' ז'.

9) קצ"ח סעי' ט' ודרכי תשובה ס"ק נה.

שמותרת לאכול בשר, רק תזהר לנקר ולנקות היטב בין שיניה
אחר האכילה[19].

יז. קודם הטבילה תבדוק עצמה האם היא צריכה לנקבים[20].
ואם צריכה, תרחץ היטב המקומות שטונפו בשעת עשיית
צרכיה.

יח. כשהלכה יחפה ממקום הרחיצה למקוה, צריכה לעיין
בכפות רגליה, ואם אינן נקיות תרחצן[21].

סימן ו

חציצה

א. בשעת הטבילה צריך להיות כל גופה נקי, ולא יהיה על
בשרה ושערה וצפרניה שום דבר החוצץ ומפסיק בינה לבין
מי המקוה. ואם טבלה כשהיה עליה דבר החוצץ ומפסיק,
נשארת בטומאתה עד שתטבול שנית כראוי[1].

ב. כל דבר המתהדק ומונע ביאת מים תחתיו אפילו הוא דבר
קטן ביותר עד שאינה מקפדת עליו כלל, אם רוב בני אדם
רגילים להקפיד עליו (היינו שמפריע להם ומסירים אותו
כשאפשר), ואפילו אם מקפידים עליו רק לעתים מזומנות (כגון
טבעת כשלשין עיסה), הרי הוא נחשב לחציצה בטבילה[2].

ג. וכן כל דבר שהיא מקפדת עליו, אף על פי שרוב בני אדם
אינם מקפידים עליו, נחשב לחציצה[3].

---

20) שו"ע סמ"ג שם.
21) סעי' מ"ה שם.

1) שו"ע יו"ד קצ"ח סעי' א'.
2) קצ"ח סעי' א' ונו"כ.
3) שם.

מנגיעת כל דבר החוצץ ועלול להדבק עליה[15] (כגון עיסה
וכדומה). ואם התעסקה בדבר המתדבק ומלכלך תרחץ מיד.
וכן תשגיח ששערותיה תשארנה מסורקות ולא תסתבכנה אפילו
אחת לחבירתה, לכן תקשור שערותיה[15].

יג. אם אירעה טבילתה בליל שני של יום טוב, או במוצאי
שבת והוא ליל יום טוב, או בליל שבת והוא מוצאי יום
טוב, שבזמנים אלו אסורה לחוף לפני הטבילה, תחוף בערב
שבת או בערב יום טוב, ביום חול, ובימים שבין חפיפה
לטבילה תזהר מכל הדברים המבוארים לעיל בסעיף יב. ומכל
מקום סמוך לטבילה תחזור ותרחוץ את בית הסתרים וכל
קמטיה במים חמים, אף שהוחמו ביום טוב, וצריכה לעיין
ולבדוק היטב כל גופה ושערותיה ולנקות היטב ולחצוץ שיניה
לפני הטבילה[16].

יד. חל ליל טבילתה בליל יום הכיפורים או ליל תשעה באב
(שאסורה לטבול בהם), תרחוץ ותחוף בערב יום הכיפורים
או בערב תשעה באב, ובמוצאי יום הכיפורים או תשעה באב
תחזור לרחוץ ולחוף, ואחר כך תטבול[17].

טו. אסור לה לאכול כלום בין החפיפה (האחרונה) להטבילה.

טז. נוהגים שלא לאכול בשר ביום הטבילה (מפני שנכנס בין
השיניים יותר ממאכל אחר)[18]. אבל אם לא נהגה כן אינה
צריכה לעכב הטבילה בשביל זה[19]. בשבת ויום טוב המנהג

---

15) שם ס"ו וש"ך שם.
16) קצ"ט ס"ו. וראה שו"ע אדה"ז שכ"ו ס"א.
17) שו"ע או"ח תקנ"א סט"ז.
18) קצ"ח סכ"ד.
19) ט"ז ס"ק כ"ה שם.

ט. אם עשתה החפיפה בביתה כדין, כדלעיל, צריכה לחזור
ולעיין בכל גופה ולסרוק שערה בבית הטבילה סמוך
לטבילתה, והמנהג הנכון הוא, לחזור ולשטוף גופה לפני
טבילתה[9].

י. אם מאיזו סיבה אי אפשר לה לעסוק בחפיפה מבעוד יום
עד הלילה כנ"ל (או שכבר עבר היום), יכולה לעשות הכל
בלילה או ביום, ובלבד שתחוף כראוי ולא תמהר[10], ולפני
הטבילה תעיין עוד פעם היטב בכל גופה[11].

יא. אם נזדמנה טבילתה בליל שבת, תחוף ותרחוץ בערב
שבת. ובין החפיפה והטבילה תזהר מכל לכלוך ודבר
המתדבק, כמבואר לקמן סעיף יב[12].

בנוגע להדלקת נרות שבת — טוב שתחוף בביתה,
ותדליק אחר החפיפה לפני הליכתה לבית הטבילה. ואם חופפת
בבית הטבילה ידליק הבעל ויברך, ואם א"א שידליק הבעל,
תדליק היא ותברך קודם הליכתה לבית הטבילה, ותכוין שאינה
מקבלת שבת עדיין (כדי שתוכל לחוף ולהתרחץ עד כניסת
השבת), אבל בעלה צריך לקבל עליו השבת בשעת הדלקתה[13].

יב. חל ליל טבילתה במוצאי שבת תרחוץ ותחוף בערב שבת
ותחזור לרחוץ ולחוף (עוד פעם) במוצאי שבת[14]. וביום
השבת, וכן בכל פעם שהחפיפה מרוחקת מהטבילה, תיזהר

─────────────

9) ראה ש"ך סק"ז שם.
10) שו"ע ס"ג שם.
11) קצ"ט ס"ו וש"ך סקי"א.
12) ס"ה וט"ז סק"ח שם.
13) שו"ע אדה"ז או"ח רס"ג י"א.
14) שו"ע קצ"ט ס"ד וט"ז.

שבה במים חמים ולשפשף בסבון ושמפו וכיוצא בזה[2].

ג. בשעת הרחיצה תסרוק שער ראשה היטב ושאר שער שבה תפספס בידיה[3].

ד. וצריכה להדיח ולנקות כל קמטיה, כגון תוך האזנים והחוטם והעינים, בית השחי, בין ירכותיה ובמקום הטבור וכו'. וכן צריכה לנקות היטב שיניה ובין כל שן ושן[4] (על ידי חוט).

ה. קודם הטבילה צריכה לחתוך צפרני ידיה ורגליה ולנקותן שלא ישאר בהם לכלוך[5].

ו. לא תחוף בדברים המסבכים את השערות (פירוש, שמדביקים אותם זה לזה). ולכן אסורה להתרחץ במים קרים או בשאר משקים שהם מסבכים את השערות. ובדיעבד אם חפפה בהם וראתה שלא נסתבכו שערותיה יכולה לטבול[6].

ז. אם שכחה לעיין בגופה או לסרוק שערותיה או לחוף במקומות שיש לה שערות, לא עלתה לה טבילה. ואם עבר עליה הלילה תשאל רב מורה הוראה[7].

ח. חפיפה זו צריכה להיות לכתחילה ביום וגם סמוך לטבילתה. על כן, תתחיל לחוף מבעוד יום ותעסוק בחפיפה ורחיצה עד הלילה, לאחר צאת הכוכבים, ואז תטבול[8].

---

2) שם סעיף ב'.
3) ש"ך סק"א שם.
4) שו"ע ס"א שם וסי' קצ"ח סכ"ד.
5) שו"ע קצ"ח סי"א.
6) קצ"ט ס"ב.
7) שו"ע ס"ח וש"ך סקי"ד שם.
8) ס"ג שם.

שאומרות כן לאחר בדיקת הערב ויש שאומרות כן לאחר
הבדיקה בשחרית [13].

טו. שבעת ימי הנקיים צריכים להיות רצופים שלא תראה
בהם כל דם או כתם, ואם ראתה בהם אפילו בסוף יום
הז' ואפילו בין השמשות, סתרה כל הימים וצריכה להפסיק
בטהרה ולהתחיל המנין מחדש [14].

טז. באופן זה שנתקלקלה וראתה דם באמצע השבעה נקיים
אינה צריכה להמתין עוד פעם חמשה ימים בכדי להפסיק
בטהרה, אלא מיד כשמפסיקה לראות יכולה לעשות הפסק
טהרה קודם השקיעה. וכן אם בליל טבילתה קודם ששמשה
ראתה דם, יכולה להפסיק למחר לפני השקיעה ואינה צריכה
להמתין חמשה ימים [15].

יז. אשה שיש לה פצעים באותו מקום ואינה יכולה לבדוק
כראוי, תשאל רב מורה הוראה מה תעשה.

סימן ה

חפיפה

א. סמוך לטבילתה, חייבת כל אשה לעיין ולבדוק כל גופה
ומקומות שער שבה, שלא יהא עליה שום דבר החוצץ בין
מי המקוה לגופה [1] (פרטי דיני חציצה יתבארו לקמן בסימן ו').

ב. ולפני זה צריכה לרחוץ ולחוף כל גופה וכל מקומות שער

---

13) פס"ד ס"ז שם.

14) פס"ד סט"ז שם.

15) פס"ד סכ"ט שם.

1) שו"ע סי' קצ"ט ס"א ונו"כ.

הדחק כגון אשה שנמצאת בדרך ואין לה בגדים וסדינים לבנים, מ״מ יכולה לספור ז׳ נקיים, ובלבד שיהיו נקיים ובדוקים מדם [9].

יא. בכל יום מימי השבעה נקיים צריכה לבדוק את עצמה בעומק ובחורין ובסדקים (כמבואר בסעיף ג׳) פעמיים ביום, אחת בבוקר בקומה ממטתה ואחת לפני שקיעת החמה, ותבדוק את עד הבדיקה שיהי׳ נקי מכתם. וכן תבדוק בכל יום הסדינים והבגדים הסמוכים לגופה אם אין בהם כתם [10].

לכתחילה תבדוק העד לאור היום [11].

יב. **בדיעבד ששכחה ולא בדקה בכל השבעה ימים אלא פעם אחת ביום הראשון (מלבד בדיקת הפסק טהרה שהיא ביום שלפני יום הראשון) ופעם אחת ביום השביעי, בין שבדקה בתחילת היום או באמצעו או בסופו, עלתה לה הספירה [10].**

יג. **אשה שהסיחה דעתה מספירתה בתוך ספירת הז׳ נקיים (כגון שבעלה רצה לנסוע לעיר אחרת לזמן ארוך, ועל כן הפסיקה מנינה, ואחר כך שינה דעתו ולא נסע, וכיוצא בזה), לא הפסידה מנינה ואינה צריכה להתחיל מחדש כל מנין שבעה נקיים — ובלבד שבדקה עצמה לכל הפחות פעם אחת ביום ראשון (מלבד בדיקת הפסק טהרה) ופעם אחת ביום השביעי [12].**

יד. יש נוהגות להוציא בפיהן ״היום יום פלוני לספירתי״. יש

---

9) פס״ד ס״ד שם (ועי׳ גם שו״ע יו״ד שפ״א ס״ה שיהי׳ חלוק לבן וסדין לבן).

10) פס״ד קצ״ו ס״ה.

11) רמ״א סי׳ קצו ס״ד ופסקי דינים שם ס״ח.

12) שו״ת צמח צדק יו״ד קנ״ה. ועי׳ שו״ת הר צבי יו״ד קנה. — ולהעיר מפס״ד קצ״ו ס״ז — אבל ראה קובץ ״יגדיל תורה״ (נ.י.) חוברת יט וכן בקובצים הקודמים לזה, שכמה סימנים בפס״ד כנראה שאינם להצ״צ, וביניהם סקצ״ו. וע״ש.

ה. אם איחרה אפילו קצת ועשתה הבדיקה לאחר השקיעה, הפסידה אותה היום וצריכה לעשות בדיקת הפסק טהרה אחרת, למחר[5].

ו. בערב שבת צריכה להפסיק בטהרה לפני הדלקת הנרות, ובדיעבד יכולה להפסיק בטהרה גם אחרי הדלקת הנרות ובלבד שיהא קודם השקיעה[6].

ז. במקומות שמתפללין ערבית או תפלת קבלת שבת לפני השקיעה בעוד היום גדול, המנהג לעשות שתי בדיקות הפסק טהרה, אחת קודם ברכו או לפני קבלת שבת ועוד בדיקה אחרת סמוך לשקיעת החמה. ובדיעבד אם עשתה רק בדיקה אחת, קודם ברכו או סמוך לשקיעת החמה, עולה לה הפסק טהרה ומתחילה הז׳ נקיים מיום המחרת[6].

ח. חל יום הפסק טהרתה בשבת או ביום הכפורים, תרחץ בין ירכותיה במים צוננים או בחמין שהוחמו מערב שבת או מערב יום הכיפורים, ותרחץ ביד ולא בבגד[7].

חל יום הפסק טהרתה ביום טוב, תרחץ בין ירכותי׳ בחמין [*7], ותרחץ ביד ולא בבגד.

ט. במקום שאין עירוב אסורה לצאת בשבת במוך דחוק, אבל מותרת לצאת במוך שהתקינה לנדתה שיבלע בו הדם ולא יפול על בשרה[8].

י. כשפוסקת בטהרה וכן במשך ז׳ ימי הנקיים צריך שבגדיה הסמוכים לגופה יהיו לבנים ובדוקים מכל כתם ולכלוך, ותשים על מטתה סדינים לבנים הבדוקים מכתמים. בשעת

---

5) קיצור שו״ע סי׳ קנט סעי׳ ג׳ בהגהת מסגרת השלחן.

6) פס״ד ס״ג שם.

7) ש״ך קצ״ט סקי״ב. שו״ע אדה״ז שכ״ו ס״א ותרי״ג סכ״א.

*7) שו״ע אדה״ז סימן תקי״א ס״א.

8) שו״ע אדה״ז סימן ש״ג סי״ח וסימן ש״א ס״י.

ג. כיצד פוסקת בטהרה[3]**: ביום ה׳ מראייתה תרחץ כל גופה** שלא ימצא בה שום לכלוך דם (אמנם בדיעבד אם רחצה רק פניה של מטה די בכך), **ואחר כך תקח ״עֵד״ (מטלית) של צמר גפן (כותנה) או צמר לבן נקי ורך או פשתן לבן** (ויהיה כבר משומש ומכובס כי אז הוא רך יותר) **ותכניס העֵד בעומק ככל האפשרי** (ולא שתכניסהו מעט לקנח עצמה), **ותסובבנו שם בכל הצדדים בחורים ובסדקים** (הקמטים שבפנים). **ובכדי שתוכל לבדוק כראוי כדאי שתעמיד רגלה אחת על ספסל וכיוצא בזה ורגלה האחרת על הארץ**[3*]. **ואם לא בדקה בחורים וסדקים, אין בדיקתה וספירתה כלום. אם מצאתו נקי מכל דבר הנוטה לאדמימות** (כמבואר לעיל בסימן א׳ סעיף ו׳ פרטי המראות) **הרי הפסיקה בטהרה ומעתה תתחיל למנות שבעה נקיים. ואם לא מצאתו נקי, יכולה לבדוק עוד, אפילו כמה פעמים עד שהבדיקה האחרונה שלפני השקיעה תהיה נקיה.**

בדיקה זו צריכה להיות לפני שקיעת החמה וסמוך לה, והיא הנקראת בדיקת ״הפסק טהרה״.

ד. מצוה מן המובחר שלאחרי ה״הפסק טהרה״ תבדוק גם ב״מוך דחוק״, פירוש, שעֵד בדיקה (אותו העֵד שבדקה בו והוא נקי או עֵד אחר) **יהא מונח ברחמה מלפני שקיעת החמה עד לאחר צאת הכוכבים, ואחר כך תוציא העֵד ותבדקנו. ואם הוא נקי תתחיל למנות ז׳ נקיים.**

היות וישנם מקרים מסויימים שצריכה מעיקר הדין להכניס מוך דחוק ולכן בכל מקרה שקשה לה לעשות בדיקה זו (משום שכואב לה, או חוששת שהמוך דחוק יקלקלה ותמצא דם) תשאל רב מורה הוראה[4].

---

3) שו״ע סימן קצ״ו ופס״ד ס״ד וס״י שם.

3*) הגהות חתם סופר ליו״ד ושו״ת חת״ס חיו״ד סי׳ קמח.

4) פס״ד ס״א וס״ב שם.

הכנסת בעת נידתן, אם לא מי שרגילה ללכת או שיש לה
סיבה שצריכה ללכת לבית הכנסת ויהיה לה לעצבון גדול אם
לא תלך, וכמו כן נהגו שלא לראות ספר תורה בשעת הגבהה,
אבל אין בכל זה איסור, ובימי ליבון (הימים שכבר הפסיק
זילוף הדם[26]) מותר.

בנוגע לתפלות וברכות, אין חילוק בין אשה טמאה לטהורה[27].

כז. נכון להחמיר בכל ההרחקות, כי כל המרבה בהרחקה הרי
זה משובח[28], שהרי אפילו יחוד עם אשתו נדה לא הותר
אלא מחמת ההכרח[29].

סימן ד
הפסק טהרה וספירת שבעה נקיים

א. כל אשה שנטמאה ע"י ראיית דם, כתם, או הרגשה (כמו
שנתבאר בסימן א'), צריכה להמתין חמשה ימים, לעשות
הפסק טהרה, ואחר כך מתחילה למנות שבעה ימים נקיים[1].

ב. שבעת ימים אלו מתחילים לאחר שתעשה בדיקת הפסק
טהרה, כגון אם החלה לראות ביום א' (אפילו אם היתה
לה ראיה קצרה או רק מצאה כתם) תמתין עד יום ה', ואם
משערת שנפסק הדם, אז קרוב לסוף יום ה' פוסקת בטהרה
(כמבואר בסעיף הבא) ומתחילה למנות שבעה נקיים מיום ו'[2].

---

26) ראה שו"ת דברי נחמי' דף ס"ו ע"ג שמדייק מדברי הפתחי תשובה
סקצ"ו סק"י שאפילו קודם ההפסק טהרה אם היא נקי' מותרת.

27) שו"ע אדה"ז או"ח סי' פח סעי' ב'.

28) פס"ד שם סעי' ה'.

29) שם סעי' א' וז'.

1) שו"ע סימן ק"צ ס"א.

2) שו"ע סקצ"ו ס"א. ולהעיר, שבדרך כלל יום ההפסק טהרה ויום הטבילה
חלים באותו יום, ולדוגמא: אם הפסיקה בטהרה בסוף יום ה' (תחילת
ליל ו') תהי' הטבילה בשבוע הבאה בסוף יום ה' (תחילת ליל ו').

כ. אסורה לפרוס הסדינין והמכסה (השמיכות) על מטתו בפניו, אבל שלא בפניו מותר[20]. מותרת להחליף ציפיות הכרים והשמיכות בפניו (שהוא טורח ואין בזה דרך חיבה). וגם הבעל אסור בהצעת מטתה[*20].

כא. אסורה ליצוק לו מים בין חמים בין צוננים כשהוא רוחץ בהם פניו ידיו ורגליו, ויש אוסרים גם להעמידם לפניו כדי שירחץ את עצמו[21], וגם הבעל אסור בזה[*20].

כב. אם הוא חולה ואין אדם אחר שישמשנו, מותרת לשמשו, כגון להקימו ולהשכיבו או הנעלת והתרת מנעל או הושטה ומזיגת הכוס, אך אם אפשר תעשה על ידי שינויים, ותזהר ככל שתוכל מהצעת המטה ומרחיצת פניו ידיו ורגליו, ואם אי אפשר, מותר[22].

כג. ואם היא חולה אסור לו לשמשה, ובאם אין לה מי שישמשנה וצריכה הרבה לכך, נהגו להתיר[23].

כד. אם הבעל הוא רופא לא יקיז לה דם, ולא ימשמש לה הדופק וכיוצא בזה, ואם יש סכנה בחליה ואין שם רופא אחר או שאינו בקי כמוהו, מותר[24].

כה. נהגו הנשים שלא לילך לבית החיים בימי נידתן[25].

כו. נהגו הנשים, משום טהרה ופרישות, שלא ליכנס לבית־

20) שם סעי׳ י״א.

*20) ספר האשכול דלעיל הערה 15.

21) פס״ד שם סעיף י״ב.

22) שם סעי׳ ט״ו.

23) שם סעי׳ ט״ז.

24) שם סעי׳ י״ז.

25) פתחי תשובה שם ס״ק י״ט.

שותים אחרים מאותו כוס והיא שותה אחריהם מותר[15].

טו. כשמשייר מכוס של קידוש, אל ישלח לה, אלא יניח הכוס
על השולחן והיא תקח מעצמה.

טז. אסור לישן עמה במטה, אפילו כל אחד בבגדיו, ואין
נוגעין זה בזה, ואפילו הם שוכבין בשתי מטות והמטות
נוגעות זו בזו אסור. ולכן יזהרו שתהיינה המטות רחוקות זו
מזו באופן שלא יבואו בלילה לשום נגיעה[16].

יז. הוא לא ישב על מטתה אפילו שלא בפניה, אבל היא
מותרת לשבת על מטתו, אפילו בפניו, אבל אסורה לשכב
על מטתו[17] בפניו[18].

יח. אסורים לשבת יחד על ספסל מתנדנד, אפילו הוא ארוך
ואין נוגעין זה בזה, אבל אם הספסל מחובר לכותל, וכן
ספסלים או קורות כבדים המונחים בארץ דכובדן קובעתן
מותר, ויש מתירים אפילו בספסל המתנדנד כשאדם אחר
מפסיק ביניהם[17].

יט. לא יסעו לטיול יחד במכונית או בספינה באופן שמטרתם
היא עצם הנסיעה, אבל מותרין לנסוע לאיזה צורך, כגון
לבקר ידידים וכדומה, ובלבד שישבו באופן המותר (כמבואר
בסעיף הקודם)[19].

---

15) שם סעי' י"ג, ועי' ספר האשכול סי' מט ד"מה שהיא אסורה
לעשות לו גם הוא אסור לעשות לה".

16) שם סעי' ו'. בדרכי תשובה סימן קצ"ה ס"ק ל"ג הביא בשם
האריז"ל "שצריכים להזהר שיהיו השני מטות רחוקות זו מזו
באופן שלא יגע בלילה הכר העליון שמכסה בו במטת אשתו
הנדה וכן להיפוך" עכ"ל.

17) פס"ד שם סעי' ה'.

18) פתחי תשובה שם סק"ח.

19) פס"ד שם סעי' ה'.

1) שתה אדם אחר ביניהם, מותר לשתות השיריים.

2) הורק המשקה מכוס זה לכוס אחר, אפילו הוחזר לכוס הראשון, מותר.

3) יצאה מהחדר, יש אומרים שמותר לו לשתות השיריים.

4) אינו יודע ששתתה, אינה צריכה להגיד לו שלא ישתה.

5) שתתה כל הכוס וחזרו ומלאוהו מותר, אף על פי שלא הדיחוהו.

בכל אופני ההיתר שבכוס מותר גם במאכל[13].

י. היא מותרת לשתות ולאכול מהשיריים שלו[13].

יא. לא תמזוג האשה לבעלה כוס של משקים (חוץ ממים) כשהכוס עומד לפניו[14].

יב. יש אוסרים שתניח הכוס או הצלחת עם המאכל לפניו, אבל אם עושה שלא כדרכה כגון שתניח ביד שמאל, או שתניח הכוס או הצלחת על השולחן שלא בפניו ממש, מותר[14].

יג. וכל זה בצלחת המיוחדת לו, אבל בקערה שכל המסובין לוקחים ממנה, אף על פי שגם הוא לוקח ממנה, מותר[14].

יד. וכן אסור לבעל למזוג לה כוס או להניח צלחת בפניה, ולא עוד אלא אפילו לשלוח לה כוס של יין (ואפילו כוס של ברכה) או של שאר משקים (חוץ ממים) אסור. אבל אם

13) פס"ד סעי' ד'.

14) שם סעי' י'.

ו. כמו כן לא ימסרו תינוק מיד ליד[10].

ז. אסורים לאכול מקערה אחת (או שקית אחת וכיוצא בזה), אפילו כשאחד נוטל החתיכה אחר שנטל השני. אבל דברים שדרכן ליאכל באופן שכל אחד נוטל מן הקערה ומשים לפניו על הצלחת המיוחדת לו, כגון חתיכות גדולות וכיוצא בזה, מותר[11].

ח. לא יאכל עמה על שולחן אחד, אלא אם כן יעשו ביניהם איזה היכר:

1) יניחו ביניהם איזה מאכל שאין אוכלים ממנו באותה סעודה.

2) יניחו ביניהם איזה דבר גבוה קצת שאין דרכו להיות על השולחן בימי טהרתה, כגון בקבוק או כוסות שתיה וכיוצא בזה, ואף אם משתמשים בו עכשיו, חשוב היכר.

3) וכן יכולים לאכול כל אחד על מפה מיוחדת, או שאחד יאכל על השולחן ואחד על המפה (אם אינם נוהגים כך בימי טהרתה[12]).

שינוי מקומה המיוחד לה אצל השולחן, נוהגין שאין זה היכר[11].

ט. לא ישתה משיורי כוס שלה ולא יאכל משיורי מאכל שלה, אלא באם:

---

10) ואפילו בתינוק שנושא את עצמו, ומתרפק על אוהבו יש להחמיר לכתחילה, טהרת ישראל שם סק"ו.

11) פס"ד שם סעי' ג'.

12) דרכי תשובה סי' פ"ח בשם יד אברהם.

אם עברו כמה שנים מיום ראייתה האחרון, אסורה לבעלה א)
בביאה, ב) בנגיעה, ג) ועוד כמה מיני הרחקות (כדלהלן), עד
שתפסוק בטהרה ותספור ותטבול כדין[2].

ב. לא יגע בה, אפילו באצבע קטנה[3], אפילו בבגדים
שעליה[4], ואפילו לנפוח עפרורית מבגדיה כשהיא לבושה
בהם אסור[3], וכמו כן אסור להריח בשמים שעליה, ואפילו
מונחים על השולחן אם הם מיוחדים לה אסור[5]. ונכון לה
למעט להתקשט ככל האפשר[6].

ג. לא יסתכל בה במקומות שדרכם להיות מכוסים, אפילו
בעקבה, אבל במקומות שדרכם להיות גלויים מותר, ומכל
מקום נכון ליזהר ככל האפשר שלא יסתכל בה יותר מדאי[7],
ולשמוע קול זמר שלה אסור[8].

ד. לא ישחוק ולא יקל ראשו עמה, ולא ידבר עמה דברים
המרגילים לערוה[9].

ה. לא יושיטו מיד ליד, אפילו דבר ארוך, ואפילו לזרוק זה
לזה אסור, רק יניחו החפץ על איזה מקום ואז השני
נוטלו. לזרוק כלפי מעלה והיא פושטת ידה ומקבלת, המחמיר
בזה תבוא עליו ברכה[3].

2) שו״ע קצ״ה סעי׳ א׳ ואה״ע סי׳ כ׳ וקיצור שולחן ערוך קנ״ג סעי׳ א׳.
3) פס״ד שם סעי׳ ב׳.
4) פתחי תשובה שם סק״ג.
5) שם סק״א.
6) פס״ד שם סעי׳ ט׳.
7) פס״ד שם סעיף ז׳ וסדרי טהרה ס״ק ט״ז.
8) טהרת ישראל שם ס״ק ל׳ ואחרונים.
9) פס״ד שם סעי׳ א׳.

צבוע, בין אדום בין שאר צבעים, טהורה. לפיכך עצת חכמים היא, שתלבש האשה בגדי צבעונים בימי טהרתה (אבל לא בימי ז׳ נקיים) כדי להצילה מכתמים.

בגד צבוע בכמה צבעים ויש ביניהם גם צבע לבן, אם נמצא הכתם (א) על חלק הלבן בלבד, טמאה; (ב) על חלק הצבוע בלבד, טהורה; (ג) מקצתו על הלבן ומקצתו על הצבוע, תשאל רב מורה הוראה[9].

ו. אפילו ישנם כל שלש התנאים דלעיל, לפעמים מטהרין כשיש סיבה לתלות שהדם בא ממקום אחר, כגון שיש לה מכה בגופה או שנתעסקה בדמים וכיוצא בזה. אלא שישנם בזה כמה פרטים וחילוקים, ולכן תשאל כל פעם רב מורה הוראה[10].

ז. מה שנתבאר לעיל שבנמצא הכתם פחות משיעור גריס או על דבר שאינו מקבל טומאה או על בגד צבוע שהיא טהורה, הוא דוקא כשמצאה הכתם (לא ע״י בדיקה או קינוח וכיו״ב), אבל אם בדקה או קנחה עצמה בדברים אלו ומצאה הכתם, תשאל רב מורה הוראה מה דינה.

ח. אם קובעים וסת על ידי ראיית כתם — ראה לקמן סימן ח׳ סעיף יז.

סימן ג

התנהגות בין הבעל והאשה בימי טומאתה

א. אשה שנטמאה בין על ידי ראיית דם בין על ידי כתם[1], אף

9) שו״ע ושו״ע אדה״ז ופס״ד שם ס״י.

10) שו״ע ושו״ע אדה״ז ופס״ד שם סי״א ואילך.

1) פסקי דינים להצמח צדק סימן קצ״ה סעיף י״ד.

1) **שיש בכתם שיעור כגריס ועוד, בין אם הוא מרובע
בין אם הוא ארוך וצר**, כל שיש בו כגריס ועוד,
טמאה, ואם לאו טהורה. אבל אם הכתם שחור אפילו
פחות מכגריס ועוד, טמאה. ואם הכתם נמצא על
גופה, אפילו בפחות מכגריס ועוד, תשאל רב מורה
הוראה[3]. שיעור גריס הוא עיגול שרחבו 14 מ.מ. או
רבוע של 12.4 מ.מ.[4].

2) **שנמצא הכתם על דבר המקבל טומאה**, כגון על בגד
או על כמה סוגי כלים וכיוצא בזה המקבלים
טומאה[5]. אבל אם נמצא על דבר שאינו מקבל טומאה
כגון על גבי קרקע, או על גבי צמר גפן, וצמר סתם
שלא נטוה[6], או על גבי נייר שאינו כלי קיבול[7] או
על מטלית שאין בה ג' אצבעות על ג' אצבעות (שהם
6 ס.מ.)[8] טהורה.

3) **שנמצא הכתם על דבר לבן. אבל אם נמצא על דבר**

---

3)   שו"ע ושו"ע אדה"ז ופס"ד סימן ק"צ ס"ה וס"ו. וע"ש בפס"ד ס"ו
שאדה"ז לא הכריע בדין כתם שנמצא על גופה.

4)   שיעורי תורה להרה"ח הרה"ג רא"ח נאה ס"ג ס"כ "שכן עיקר".

5)   שו"ע ושו"ע אדה"ז ופס"ד סימן ק"צ ס"י. ועי' ש"ך שם סקט"ו
וברמב"ם הל' כלים פ"א הי"א ופכ"ב ה"א והט"ז מה הן הדברים
שאין מקבלים טומאה.

6)   שו"ע אדה"ז סימן קפ"ג בקו"א סק"ב.

7)   עיין באגרות קודש מכ"ק אדמו"ר מוהרש"ב נ"ע סימן תק"ו "העושה
כלי קיבול מנייר מקב"ט כמ"ש הרמב"ם שם בפ"ב" (ה"א). ולענין
ניילון ופלאסטיק ושאר סינטעטיק אי מקב"ט רבו הדעות, ועיין לקוטי
שיחות חי"ז דף 477 דלענין מקואות יש לחשוש להחמיר, ולכן
תשאל רב מורה הוראה.

8)   ש"ך ושו"ע אדה"ז סימן ק"צ ס"י ושיעורי תורה סי' ג' סעי' כ"ה.

סימן ב

דיני כתמים

א. כל דיני כתמים דלקמן, הם רק אם מצאה כתם ולא
הרגישה שום הרגשת פתיחת המקור או שאר הרגשת
יציאת דם מגופה, אבל אם הרגישה אחת מאלה, מבואר דינה
לעיל סימן א' ס"א וס"ז עיי"ש [1].

ב. אם מצאה הכתם בקינוח שקנחה את עצמה וכיוצא בזה,
או אחר תשמיש או במי רגלים (שתן), תשאל רב מורה
הוראה, כמבואר לעיל בסימן א' ס"ד וס"ה.

ג. אשה שמצאה כתם שמראהו טמא (כמו שנתבאר לעיל סימן
א' ס"ו פרטי המראות) על גופה או על בגדיה או על סדינה
וכיוצא בזה, אפילו ידוע שלא הרגישה ואפילו בדקה עצמה לאחר
שמצאה הכתם ונמצאה טהורה — הרי היא טמאה כנדה לענין
המתנת חמשה ימים, הפסק טהרה, שבעה נקיים, וטבילה
במקוה כשרה [2].

ד. כתמים הנמצאים על המקומות הנזכרים לעיל טמאים רק
אם הם דם שבא מהמקור, ולכן אם היא מסופקת או נראה
לה שלא באו מהמקור אלא ממקום אחר, תשאל רב מורה
הוראה אם היא טמאה.

ה. במה דברים אמורים שהכתם מטמא, הוא דוקא אם ישנם
שלש התנאים דלקמן:

---

1) שו"ע ושו"ע אדה"ז ופס"ד להצמח צדק סימן ק"צ ס"א. וע"ש
בפס"ד ס"ה שאין חוששין לכתמים אלא בבגדי אשה ולא בבגדי איש
אפי' מצא אחר התשמיש.

2) שו"ע ושו"ע אדה"ז ופס"ד סימן ק"צ סי"א.

ה. מצאה דם במי רגלים (שתן), או אחר תשמיש, תשאל רב מורה הוראה.

ו. בכל מראה הדומה לאדמימות או לשחור, טמאה. וכל מראה שאין להסתפק בו כלל באדמימות או שחרות, כגון הלבן או הירוק או הכחול, טהורה[4]. ובמראה חום (ברוין) וצהוב (געל) ישנם כמה סוגים ואין אחד דומה לחבירו, ולכן תשאל רב מורה הוראה.

ז. אשה שהרגישה שנפתח מקורה להוציא דם או שאר הרגשת יציאת דם מגופה, תשתדל לבדוק את עצמה בהקדם האפשרי, ואם מצאה מראות טהורות, כגון ליחה לבנה (שהיא עבה ויש בה סמיכות) וכיוצא בזה, כדלעיל ס״ו, הרי היא טהורה, ואם לא מצאה כלום (רק הליחה הרגילה הנמצאת תמיד[5]) הרי היא טמאה. וכל זה כשבדקה את עצמה סמוך להרגשה, אבל אם בדקה לאחר זמן רב ומצאה מראה טהור תשאל רב מורה הוראה מה דינה[6]. אם האשה רגילה בהרגשות הנ״ל, תשאל רב מורה הוראה אם צריכה לבדוק כל פעם.

ח. דין מעוברת ומניקה שהרגישו מבואר לקמן סימן י״א ס״ד.

ט. אשה שנבדקה בדיקה רפואית על ידי הכנסת מכשיר, אף אם בדקה עצמה ולא מצאה מראה דם, תשאל רב מורה הוראה אם אין לה דין נדה (ואם אפשר תעשה בדיקות רפואיות אלו בימים שהיא טמאה בלאו הכי).

---

4) שו״ע סימן קפ״ח ס״א.

5) ראה שו״ת חתם סופר סימן קס״ח ד״ה הנה. שיורי טהרה תשו׳ י״ט. מהרש״ם ב״דעת תורה״ סק״ץ ס״א (סד״ה וע״ע בטוב טעם).

6) פס״ד להצ״צ סק״צ ס״א. ועי׳ שו״ת צ״צ חיו״ד סקל״ב וסקל״ג. וצ״ע.

קיצור דיני טהרה

סימן א

במה אשה נעשית נדה

א. אשה שיצא דם ממקורה, אפילו טיפה כלשהי, בין לח בין יבש, בין באונס (כגון שקפצה וראתה) ובין כפי טבע האשה, בין פנויה בין נשואה, בין מעוברת ומניקה, הרי היא טמאה. ואם בא עליה, שניהם חייבים כרת.[1]

ב. וכן אם נמצא הדם על "עֵד" הבדיקה (פירוש על המטלית שבודקת בה. ועיין לקמן סימן ד' פרטי דיני הבדיקה) אפילו משהו, הרי היא טמאה מן התורה[2]. אבל אם היא מסופקת שמא נתלכלך העד מדבר אחר ואין זה דם ממקורה תשאל רב מורה הוראה מה דינה.

ג. חכמים גזרו על הכתם הנמצא על גופה או על בגדיה או על סדינה וכיוצא בזה שבמקרים מסויימים היא טמאה, אפי' לא הרגישה שום יציאת דם ואפי' בדקה עצמה לאחר מכן ולא מצאה כלום[3] (ופרטי דיני כתמים יתבארו לקמן סימן ב').

ד. אם קנחה עצמה מבחוץ, אפילו אם לא הכניסה הנייר או העד (וכיו"ב) בפנים ומצאה דם, תשאל רב מורה הוראה מה דינה.

---

1) שו"ע ושו"ע אדה"ז סימן קפ"ג ס"א. וראה סימן קפ"ח ס"ד. קפ"ט סל"ג.

2) שו"ע אדה"ז סימן קפ"ג סק"ג.

3) שו"ע סימן ק"צ ס"א.

קונטרס זה אינו מהווה תחליף ללימוד ההלכות
במקורן. והוא רק בכדי לתת סקירה כללית על דיני
טהרת המשפחה.

קיצור דיני טהרה

קטעים מלקוטי שיחות אודות "טהרת המשפחה"

. . . כיון שהצנור וכלי לקבלת ברכת ה׳ הוא הנהגה בחיי היום־יום על פי רצון הבורא — נוסף על העיקר שזה מוכרח מצד עצמו בתור ציווי הבורא, הרי כל מצוה ומצוה קשורה בסגולה וברכה מיוחדת. וידוע שברכת זרעא חייא וקיימא קשורה בשמירת חוקי ודיני טהרת המשפחה. לכן מהנכון לדייק בזה, ובפרט שאפשר שבמשך הזמן נשכח איזה פרט, וראוי לעבור עליהם בעיון עוה״פ.

והשי״ת ימלא משאלות לבבם לטובה ויבשרו טוב.

(ממכתב כ״ב שבט, תשמ״ב — מלקו״ש חכ״ב ע׳ 299)

—●—

. . . מכתב הפ״נ שלו . . . נתקבל, ויקרא בעת רצון על ציון כ״ק מו״ח אדמו״ר זצוקללה״ה נבג״מ זי״ע, אלא שיכתוב גם שם זוג׳ תי׳ — בצירוף שם האם דשניהם.

וכיון שלפעמים העכוב בברכת ה׳ לזרעא חייא וקימא בא מחסרון דיוק וזהירות בקיום חוקי ודיני טהרת המשפחה (נדה, הפסק טהרה, טבילה במקוה כשרה וכו׳) וכיון שחסרון ידיעה מביא לחסרון בקיום עליהם לברר אצל רב מורה הוראה כל הפרטים בזה ועל מנת לשמור עליהם מכאן ולהבא ככל הדרוש.

מהנכון לבדוק התפילין וכן המזוזות בדירתם שתהיינה כולן כשירות כדין.

(ממכתב ער״ח סיון תשל״ד — מלקו״ש חי״ב ע׳ 178)

—●—

. . . וכיון שלפעמים הכי קרובות מצב כזה בא כתוצאה מקירוב בלתי רצוי — בזמן שאין הקירוב מותר ע״פ תורתנו הק׳ תורת חיים — וכיון שלפעמים בא זה גם מאי השלימות בידיעת כל הדינים בזה, לכן עליהם — עלי׳ ועל בעלה שי׳ — לברר אצל רב

קיצור דיני טהרה

מורה הוראה כל הפרטים בזה, ועל מנת להתנהג באופן זה מכאן ולהבא, ואין לך דבר העומד בפני הרצון.

ומהנכון אשר יבדקו את המזוזות בדירתם שתהיינה כולן כשרות כדין, והיא תשמור על מנהגן הטוב של בנות ישראל הכשרות להפריש לצדקה קודם הדלקת הנרות בכל ערב שבת וערב יום טוב.

(ממכתב א׳ אייר תשכ״ו — מלקו״ש חי״ז ע׳ 470)

—●—

במענה למכתבו, בו כותב ע״ד ביקור רפואי, כנראה מלפני זמן, אשר על יסוד זה אמר הרופא, שכאילו זוגתו תחי׳ אינה בת בנים.

ואינו כותב כל הפרטים בזה, וכיון שכמה טפולים רפואיים חדשים נתגלו לאחרונה ובפרט בשנים הכי אחרונות, מהנכון שיפנו עוד הפעם לרופא מומחה במקצוע זה, ולשאלו היש בחידושים האמורים השייך גם אליהם.

וכיון שתמיד זקוקים לברכת השם יתברך שהוא נותן התורה ומצוה המצוה, מובן שצריכה להיות ההנהגה בחיי היום יומים מתאימה להוראות תורתנו תורת חיים ובקיום מצותי׳ עליהם נאמר וחי בהם, ובפרט — דיוק בשמירת חוקי ודיני טהרת המשפחה (נדה, הפסק טהרה, טבילה במקוה כשרה וכו׳), וגם לברר אם אין בזה חסרון ידיעה שמביא לחסרון בקיום, [שאת זה צריכים לברר אצל מורה הוראה], שזהו הדרך לקבלת ברכת השם ובפרט במצב כהאמור.

(לקו״ש שם)

—●—

זיינער צייט האָב איך באַקומען אייער בריף פון 23/3 מיט דאָס בייגעלייגטע, און לויט מיין אויפטראַג האָט זיך מיין פריינד ד״ר . . . שי׳ פאַרבונדן מיט איינעם פון די גרעסטע דאָקטוירים ספעציאַליסטען אין דעם, און בייגעלייגט דאָ איז דער בריף פון ד״ר . . . אין וועלכן ער גיט איבער די מיינונג פון דעם ד״ר

ספעציאַליסט, און השם יתברך זאָל העלפן עס זאל זיין בהצלחה און זאָלט קענען אָנזאָגען גוטע בשורות אין דעם און גאָר אין גיכן.

אַזוי אָבער ווי מיר זאָגן אין די ברכות השחר, איז השם יתברך דער אמת׳ר רופא כל בשר ומפליא לעשות, און די דאָקטוירים זיינען ניט מער ווי זיינע שלוחים, איז דעריבער דורכאויס נויטיג צו אויפפירען זיך אין דעם טאָג טעגליכען לעבן, לויט די אָנווייזונגען פון דעם רופא כל בשר ומפליא לעשות, און בפרט ווען עס האַנדעלט זיך וועגן קינדער, איז אַלעס ערשטע און הויפט זאַך, דאַרף אָפגעהיט ווערען די געזעצען און דינים פון תורתנו הק׳ אין באַצוג צו טהרת המשפחה (נדה, הפסק טהרה, מקוה און ענליכעס) און אויף וויפל גוט עס זאָל ניט זיין דער צושטאַנד אין דעם, איז דאָך שטענדיג פראַן נאָך פלאַץ אויף צו־צוגעבן אין דעם, און השי״ת איז באַגלויבט צו־צוגעבן אין זיינע ברכות אין דעם וואָס מ׳נויטיגט זיך.

עס וואָלט געווען אַ גלייכע זאַך, מ׳זאָל בודק זיין (אָפטשעקין) אייערע תפילין און אויך די מזוזות אין אייער דירה, אַז זיי זאָלן זיין אַלע כשר׳ע ווי דער דין איז. און אויך אַז אייער פרוי תחי׳ זאָל אָנהאלטן דעם גוטען מנהג פון בנות ישראל הכשרות, צו געבן אויף צדקה יעדער מאָל פאַר ליכט צינדען ערב שבת און ערב יום טוב.

(ממכתב א׳ אייר תשי״ח — מלקו״ש חט״ז ע׳ 581)

—●—

. . . ג) **טהרת המשפחה.** דורך דער מצוה פון נדה, טהרה און טבילה וואָס איז געגעבן געוואָרן צו דער אידישער פרוי, ברענגט זי אַריין טהרה און קדושה — ריינקייט און הייליקייט — אין דעם פאַמיליע לעבן. דורך דער מצוה איז מען זוכה צו האָבן געזונטע גוטע קינדער[1], גאַנץ אין גוף און גאַנץ אין נשמה, קינדער וועלכע גייען דערנאָך אין דעם וועג פון תורה און מצוות און ברענגען אמת׳ן נחת און פרייד צו זייערע עלטערן, דורך דעם וואָס די פרוי דערפילט

1) תנחומא ריש פרשת מצורע: שימש אדם עם אשתו נדה בניו לוקין כו׳ לעשר שנה כו׳ לעשרים שנה וכו׳. מסכת כלה: עז פנים כו׳.

קיצור דיני טהרה

איר פליכט, די פליכט פון דער אידישער מאַמען צו זאָרגן פאַר דער ריינער אמת׳ער אידישער דערציאונג פון די קינדער, זין און טעכטער, עס זאָל זיין אַ חינוך כשר על טהרת הקדש, די גאַנצע משפחה זאָל זיין אַ משפחה טהורה וקדושה . . .

(מלקו״ש ח״ב ע׳ 579)

—●—

ב״ה, כ״ז אלול ה׳תשי״ז
ברוקלין

אגודת נשי ובנות חב״ד
סניף :
ה׳ עליהם יחיו

ברכה ושלום !

איך בין געוועז צופרידען צו באַקומען אַמוויינינגסטען אַ קורצען איבערבליק וועגען אייער אַרבעט אין דער פאַרגאַנגענהייט, און איך האָף אַז מער ווי געשריבן איז געטאָן געוואָרן, און דער עיקר אַז אין דער צוקונפט זאָל מען אויסברייטערען די אַרבעט אין אַלע מעגליכע אופנים.

איך האָף אויך, חאָטש איר דערמאָנט ניט וועגן דעם אַז צווישן די ענינים וואָס ווערען געלערענט, איז אויך דאָ דער לערנען פון חוקי ודיני טהרת המשפחה, מיט די פארהייראַטע פרויען אָדער כלות וועלכע גייען חתונה האָבען, און אויך די דינים וועלכע זיינען פאַרבונדען מיט די כשרות פון עסען זאַכן, וועלכע דאָס לעצטע קען מען לערנען אויך מיט מיידלעך. און אויף וויפל איך געדיינק, זיינען די דינים פראַן אויך צונויפגעקליבען אין דעם סידור קרבן מנחה, וואָס האָפענטליך האָבען ווער פון די פרויען אַזאַ סידור, און ווען ניט וועט מען דאָס אייך צושיקען.

און אַזוי ווי מיר געפינען זיך איצטער אין חודש אלול, וואָס לויט ווי ערקלערט פון כ״ק מו״ח אדמו״ר בארוכה, איז דאָס דער חדש פון חשבון הנפש פון דעם אַוועקגייענדען יאָהר, און אויך אַ

גוטע צוגרייטונג צום קומענדען יאָהר, אַז עס זאָל זיין אַ גוטער זיסער יאָהר, סיי בגשמיות און סיי ברוחניות,

דאַרף דער חשבון און די הכנה פאַרמאָגן אין זיך אויך די באַטייליגונג פון יעדער חברה פון נשי ובנות חב״ד פון יעדער סניף און אויך די גוטע החלטה און פעסטקייט אויף צו טאָן נאָך מער אין דעם אין די קומענדע טעג וואָכען און חדשים,

און השם יתברך זאָל העלפען אַז געזונטערהייט אין גוטער שטימונג זאָל מען פאַרווירקליכען אַלע גוטע החלטות אין דער פולסטער מאָס און אויך מיט אַ הוספה.

בברכה צו גוטע בשורות אין דאָס אויבן געזאָגטע און צו אַ כתיבה וחתימה טובה צו יעדערע פון די חבירות מיט זייערע בני בית שיחיו

(מלקו״ש חכ״ד ע׳ 444)

—●—

. . . ס׳איז מבואר אין חסידות (אין די דרושים פון פ׳ מסעי)[1] אַז דאָס ״דורכגיין״ דעם זמן הגלות, איז בדוגמא פון דעם דורכגיין פון די אידן דעם מדבר: און כשם ווי ביים דורכגיין דעם מדבר (צווישן ארץ מצרים און ארץ ישראל) זיינען געווען מ״ב מסעות, אַזוי זיינען דאָ ״מ״ב מסעות״ אין משך זמן הגלות ביז צום אַריינגיין אין ארץ ישראל ע״י משיח צדקנו[2].

פון דעם איז פאַרשטאַנדיק אויך בעניננו: אַזוי ווי דעמאָלט אין מדבר, איז דער אָנזאָג אויף זהירות אין די צוויי זאַכן (כשרות

1) ראה לקו״ת (פח, ג. צא, ב ואילך) ואוה״ת (ע׳ א׳שנט) דהנסיעה במדבר הו״ע בירור ״מדבר העמים״.

2) ראה לקו״ת (פט, ב. צ, ד) דבחי׳ ״ירדן יריחו״ (סיום כל המסעות) היא בחי׳ ״מורח ודאין״ — וה״ז יהי׳ בביאת המשיח שזוהי דרגתו ובזה בוחנים שהוא משיח ודאי (סנה׳ צג, ב. וראה נ״כ הרמב״ם מלכים פי״א ג).

וראה תורת הבעש״ט (הובא בדגל מחנה אפרים ר״פ מסעי) דישנו המ״ב מסעות בכל אדם במשך ימי חייו. ובאוה״ת (ס״ע א׳שנב) ש״יש בחי׳ מ״ב מסעות בכל יום״.

הכלים, און טהרה וקדושה באישות), געווען די לעצטע און נאָנסטע הכנה צום אַריינגיין אין ארץ הקודש[3];

אַזוי אויך אין אונזער צייט — אין די לעצטע טעג פון גלות — פאַדערט זיך אַ התחזקות יתירה אין דער אָפּהיטונג פון כשרות המאכלים און טהרת המשפחה[4] (נוסף אפ'ן עיקר — די מעלות פון די מצות **בכל** זמן, כנ"ל — אויך) אלס הכנה און הקדמה צום אַריינגיין אין ארץ ישראל בהגאולה ע"י משיח צדקנו.

אַז אידן וועלן פאַרענדיקן די הכנות אין די "מסעות" פון זמן הגלות, וועט דאָס גופא צואיילן דעם אַריינקום לעבר הירדן מערבה[5] — אין ארץ ישראל — ע"י משיח צדקנו, ובקרוב ממש.

(משיחת ש"פ מטו"מ, מבה"ח מנ"א, ה'תשל"ה — מלקו"ש חי"ג ע' 297 ואילך)

—●—

. . . ג. עס ווערט געפרעגט אין ספרים, און נאָך מער פרעגן עס זיך מענטשן, ווען עס קומט צו ריידן וועגן דעם מצב פון יהדות און קיום התורה והמצוות אין די לעצטע דורות: ווי קומט עס וואָס עס הערשט אַזאַ שפל המצב ביי אייניגע אידישע קרייזן, אַזאַ גייסטיקע געפאַלנקייט — ווי עס ווערט געשילדערט אין סוף מס' סוטה?

---

3) שלכן לאחרי מלחמת מדין — תאסף (משה) אל עמך (מטות לא, ב. ראה במדב"ר ריש פרשתנו (מטות). פרש"י לא, ג), כי **כל** המצות והדברים עד הכניסה לא"י נעשה הכל ע"י משה (ראה רמב"ן פרשתנו לא. ב. רד"ה החלצו תרנ"ט), וזו היתה המצוה שמסיימת מלחמת מדין (שהכלים ג"כ נעשו כלים דבנ"י).

4) להעיר ממרז"ל (יבמות סב, סע"א) דמשיח בא כשיכלו כל נשמות ב(אוצר)גוף.

5) ולאחר זה ירחיב ה' אלקיך את גבולך גם ארץ הקני הקניזי והקדמוני (שופטים יט, ח. ספרי הובא בפרש"י שם) ולאחר זה — מפאת קדים עד פאת ים (ספרי לראה יב, כ) ומקרא מלא דיבר הכתוב (משפטים כג, לא): ושתי את גבולך מים סוף ועד ים פלשתים וממדבר עד הנהר (ראה מכילתא לבא יב, כה) ומסיים בלקח טוב: שנאמר (תהלים עב, ח) וירד מים עד ים ומנהר עד אפסי ארץ.

קיצור דיני טהרה

עס ווערן געבראַכט דערויף צוויי אויפקלערונגען:

איין הסברה איז: כדי נשמות ישראל זאָלן דאָ אין וועלט זיין אין דעם ציור וואס זיי דאַרפן זיין, וואָס דעמאָלט וועט דעם יצה״ר אָנקומען שווערער צו טאָן זיין שעדלעכע אַרבעט, דאַרפן אידישע קינדער געבאָרן ווערן מיט טהרה וקדושה. אָבער אין פאַל אַז עס פעלט די נויטיקע אָפּהיטונג אין די דינים ופרטים פון טהרת המשפחה, האָט עס אַ ניט־גוטע ווירקונג אויף די נשמות[1] וואָס ווערן דערנאָך געבוירן — עס פעלט אין דער איידלקייט און ריינקייט פון די לבושים דורך וועלכע די נשמה ווירקט און קומט צום אויסדרוק[2]

(דערפון קומט אויך די דערשיינונג פון אזעלכע משונה׳דיגע הנחות, ווי, לדוגמא, דאָס באַהויפּטן אז עס קען זיין ״גיור״ — געבורט פון אַ נייעם אידן[3] אפילו ווען ס׳איז ״שלא כהלכה״, וואָס איז אין קעגנזאַץ אפילו צום איינפאַכן שכל אנושי; אָדער צו זאָגן, אַז דער קיום פון אידן איז ניט פאַרבונדן מיט לימוד התורה וקיום המצוות — הגם עס איז קלאָר אַז אין דעם איז אָפּהענגיק דער קיום וחיות פון אידן, פונקט ווי ״דגים שבים״[4], וואָס זייער גאַנצער חיות איז פונעם ״מים״ און זיי קענען בשום אופן ניט עקזיסטירן אָן דעם, א.ז.וו.).

ד. און די פועל־ממש׳דיקע אפּהיטונג פון טהרת המשפחה ליגט נאַטירלעכערווייזע אין די הענט פון נשי ישראל: פון דעם מאַן פאָדערט זיך ער זאָל ערמוטיגן און לייכט מאַכן די אָפּהיטונג. ובודאי — איינשטימען דערמיט, ער זאָל זיך ניט קעגנשטעלן, ח״ו. נאָכמער — אַז די פרוי וויל עס מיט אַן אמת און באַשטייט דערויף, קען זי

---

1) נוסף על התוצאות בבריאות הגוף כפשוטו — וראה ס׳ השיחות ה׳ש״ת ע׳ 19 ואילך. לקו״ד ח״ב שס, ב. לקו״ד ח״ג תקלז. במקומות שצוינו בהערה הבאה.

2) ראה זח״ב ג, רע״ב. ולהעיר מתנחומא ר״פ מצורע. ויק״ר פט״ו, ה. רמב״ן אחרי יח, יט. תניא ספ״ב. ועוד.

3) כלשון חז״ל — ופס״ד שלהם: גר שנתגייר כקטן שנולד דמי (יבמות כב, א. וש״נ. רמב״ם הל׳ איסו״ב פי״ד הי״א. הל׳ עדות פי״ג ה״ב. טושו״ע יו״ד סי׳ רסט ס״י. חו״מ סל״ג סי״א).

4) ע״ז ג, סע״ב. וראה ברכות סא, ב.

עס געוויס אויספירן. און דער שלום בית ווערט פאַרפעסטיגט און פאַרשטאַרקט דורך דעם. ובפרט וואָס די דינים און פרטים פון טהרת המשפחה, מיט די ברייטע אויפקלערונגען וועגן דער געוואַלדיקער לעבנס־וויכטיקייט און חשיבות דערפון, זיינען אָפּגעדרוקט אין חוברות (בראָשורן) אויף אַלערליי שפּראַכן און זיינען צוגענגלעך פאַר יעדן.

און דאָס איז די גרויסע שליחות און פליכט וואָס ליגט אויף נשי ישראל — צו משתדל זיין זיך אַז אידישע טעכטער זאָלן אפהיטן טהרת המשפחה; וואָרום לבד זאת וואָס די מצוה איז א יסוד, אַ קדושה־יסוד אין פאַמיליען לעבן און איז נוגע צו דעם נשמה־געזונט (און גוף־געזונט) און די נשמה־ריינקייט פון אידישע קינדער — איז עס אַן ענין וואָס ווירקט און ציט זיך דורך אַלע אידישע דורות, דורך אידישער נצחיות: ס'ווערן געבוירן קינדער, וואָס זיי וואַקסן און בויען זייערע אידישע הייזער — "בנין עדי עד", קינדס קינדער א.ז.וו.

דערמיט איז מען אויך מבאר (אין דעם (מאמר) המשך "כל הנהנה"[5]) אַז דער גילוי פון א"ס אין וועלט זאָגט זיך אַרויס אין דעם ענין פון הולדה, וואָס ציט זיך נצחיות'דיק, אָן אַ סוף, "בנין עדי עד".

ה. די צווייטע הסברה אויף דער ירידה אין דעם גייסטיקן מצב, איז אויך פאַרבונדן מיט אַ ענין וואָס ליגט (כמעט) אינגאַנצן אין די הענט פון נשי ישראל:

עס איז מבואר אין ספרים (אויך פון חכמי הטבע), אַז די נאַטור־אייגנשאַפטן און נויגונגען פון מענטשן — ווערן אין אַ גרויסער מאָס באַווירקט פון דעם סוג מאכלים און משקאות וואָס ער עסט און טרינקט, וואָרום די שפּייז ווערט דאָך פאַרוואַנדלט אין "דם ובשר כבשרו" — איז אַזוי ווי דער אָפּקלייב פון שפּייז איז נוגע צום קערפּערלעכן געזונט, אין גשמיות, אַזוי ווירקט עס אויך אויף די

---

5) תרנ"ב. וראה לקו"ת שה"ש מ, רע"א.

תכונות (כאַראַקטער) פון זיין נפש; ווי געבראַכט אין ספרים[6], אַז דורך עסן דאָס פלייש פון אַ חי׳ טורפת טראָגט זיך איבער אין נפש האדם די תכונה פון אכזריות וכו׳.

און כשם ווי זיי ווירקן אויף די תכונות און מדות, על דרך זה, איז דאָ די ווירקונג פון מאכלים אויפן שכל, אויף דעם אופן פון דעם מענטשנס השגה און פאַרשטאַנד[7]: אויב ער שפייזט זיך מיט פאַרגרעבטע און פאַרטעמפּטע מאכלים, רופט עס אַרויס פאַרגרעבטקייט און טעמפּקייט אין מוח; דאַקעגן איז דער מוח קלערער און פאַרשטייט איידעלער בעת ער עסט איידעלערע מאכלים[8], ווי דאָס ווערט געבראַכט אין ספרים (אויך בספרי הטבעים), איז דאָך פאַרשטאַנדיק, אז ניט־כשר׳ע מאכלים, היפך־התורה מאכלים האָבן א העכסט שעדלעכע השפעה אויף דער איידלקייט און ריינקייט פון אידישן שכל, ביז — א היפך־התורה השפעה און נטי׳ אין שכל פון דעם אוכל[9].

ו. דאָס מאַכט גרינטלעכער צו פאַרשטיין די סיבה פון ירידת הדורות: מצד דעם ערשטן ענין (ניט אָפּהיטן טהרת המשפחה כדבעי, ח״ו) קומט דער חסרון פון די היפך־התורה, היפך אידישקייט אופן ווי אזוי — מיט וועלכע ״לבושים״ — דאָס קינד ווערט געבאָרן; נאָכדעם האָט דאָך די נשמה פאָרט בחירה חפשית איז במילא איז זי דאָך בכח — מיט כח און געהעריגער אָנשטריינגונג צו איבערוועגן די איינגעבוירענע היפך־התורה אייגנשאַפט פון די לבושים — אויב זי וועט עס נאָר טאָן מיט אַ תוקף; און די נשמה האָט דעם תוקף!

פאַרוואָס זשע זעט מען ניט באַ גאָר אַלע אידן די התגברות פון דער נשמה אויף טבע הלבושים?

---

6) רמב״ן (הובא בבחיי) שמיני יא, יג. עקידה ואברבנאל שם. ועוד. רמב״ן ראה יד, ג. רמ״א יו״ד ספ״א ס״ז. ועוד.

7) להעיר מכתר ש״ט סי׳ שפא (וסי׳ קפו) בשם כתבי הרמב״ם.

8) ראה של״ה שער האותיות פה, ב. ועוד.

9) ראה עקידה ואברבנאל שם: מתעבים ומשקצים . . נפש המשכלת כו׳.

קיצור דיני טהרה

דאָ קומט דער צווייטער ענין: וויבאַלד אויך נאָכדעם אין משך פון לעבן איז מען ניט אָפגעהיט אין כשרות, און דורך ניט־כשר׳ע מאכלים, היפך־תורה מאכלים איז מען מוליד ניט כשר׳ע תכונות אין נפש — איז פאַרשטאַנדיק פאַרוואָס דאָס דערלאָזט ניט און גיט ניט קיין אָרט פאַר דעם אויבנדערמאָנטן כח און תוקף הנשמה.

אויך די וואָס זיינען געבאָרן בטהרה וקדושה — אויב זיי ניצן אָבער דערנאָך זייער בחירה אויף, ר״ל, ניט כשר׳ן עסן, היפך התורה עסן — פאַרדארבן זיי, ר״ל, זייערע ריינע לבושי הנשמה אין היפך־התורה וועג א.ז.וו.

ויהי רצון אז מכאן ולהבא זאל ביי אידן זיין נאר כשר׳ע אכילה ושתי׳, און במילא וועט אויך דער דם ובשר, דער גוף, זיין א אידישע קאפּ, א אידישע הארץ און אידישע אברים, און זיכער אידישע נשמות בגילוי, און בתוקף — **אזוי און ניט אנדערש**[10]

און דאָס זאָל פּועל זיין און וועט פּועל זיין צו מאכן געזונט, ריין, און הייליק בגלוי יעדן אידישן גוף און יעדער אידישע נשמה און דורך דעם, בדרך ממילא, אויך די גאנצע וועלט . . .

(משיחת יום ד׳ לפ׳ פינחס, ט״ז תמוז, תשל״ה
— מלקו״ש חי״ג ע׳ 258 ואילך)

10) ראה שיחת יב־יג תמוז תש״ה (ס׳ השיחות ה׳תש״ה ע׳ 112).

מפתח

רשימת המשתתפים בספר:

אברהם פראנקלין
אליעזר ליפמאן דובראווסקי
בן ציון חאנאוויטש
גרשון צירקינד
דובער הכהן בעל
דוד האלער
דוד ווילענסקי
דוד יצחק חסדן
הרצל אלוליאן
יהודה ליב ראסקין
יוסף יצחק גוראריי׳
יוסף שילדקרויט
ישראל ענגל
מנחם מענדל גארדאן
מנחם מענדל זלמנוב
מנחם מענדל ראזענפעלד
משה גוטניק
נחום שפירא
שמחה פרענקל

חברי המערכת:

הרה״ג יוסף אברהם הלוי העלער שליט״א — עורך ראשי

מנחם מענדל קמינצקי
מנחם נחום גערליצקי
ניסן דוד דובאוו
לוי יצחק גרליק

RABBI J. SCHNEERSOHN
OF LUBAWITZ
770 EASTERN PARKWAY
BROOKLYN 13, N.Y.
SLOCUM 6-2919

יוסף יצחק שניאורסאהן
ליובאוויטש

ב"ה, ט"ו מ"ח תש"י
ברוקלין

תלמידי ידידי הרב ח"ח אי"א
מוה"ר בן ציון שי' שם-טוב

שלום וברכה!

במענה על מכתבו מכ"ז תשרי העבר, לענג הי' לי להתבשר מסדר עבודת ידידי תלמידי והפעולות טובות הנראות אשר זה צריך לפעול בו ענג, יתחזק ויתאמץ והשי"ת יהי' בעזרו ויברך אותו ואת כל המסייעים אותו ויצליחם בגשמיות וברוחניות.

אודות הצעת הרבנים שי' דבר סידור קיצור דיני טהרה, בודאי בעזרתו ית' אתענין בזה ויעריכו מכתב בקשה והצעה לחתני הרה"ג הרמ"ם שליט"א אמנם עד אז צריכים להניח כל מרצם בהשתדלות מרובה ובכחות של קירוב ודיבור ברבים והשי"ת יזכם בזכות זה ויצליחם.

השי"ת יברך אותו ואת ב"ב שי' בכל הדרוש לכם.

ידידו הדו"ש ומברכם בכל טוב
להצליח בעבודתו בגשמיות
וברוחניות
יוסף יצחק

צילום מכתב כ"ק אדמו"ר מהוריי"צ נ"ע

פתח דבר

(להוצאה הרביעית)

הננו מוציאים בזה לאור — בהוצאה רביעית — "קיצור דיני טהרה"*, לאחרי שההוצאות הקודמות אזלו מן השוק.

בהוצאה זו נכתבו מחדש כמה פרקים, נתוספו כמה דינים ותוקנו כמה טה"ד שנפלו בהוצאות הקודמות.

בראש הקובץ הדפסנו קטעים משיחות ומכתבי כ"ק אדמו"ר שליט"א המודפסים ב"לקוטי שיחות", אודות לימוד ושמירת דיני "טהרת המשפחה".

תודתינו נתונה להרה"ת ר"י שי' פרקש על הערותיו המועילות.

הוצאה זו נערכה ע"י הרה"ת ניסן דוד שי' דובאוו והרה"ת לוי יצחק שי' גרליק.

המערכת

ר"ח כסלו ה'תשמ"ז
ברוקלין, נ.י.

_____

*) על אופן עריכת הספר — ראה לעיל בפתח דבר להוצאה הראשונה.

פתח דבר

(להוצאה החמישית)

הננו מוציאים בזה לאור — בהוצאה רביעית — "קיצור דיני טהרה"*, לאחרי שההוצאות הקודמות אזלו מן השוק.

בהוצאה זו:

א) תוקנו כמה טעויות שנפלו בהוצאה הרביעית.

ב) ההערות והציונים שבהלוח נכתבו מחדש.

הנ"ל נערך ע"י הרה"ת לוי יצחק שי' גרליק.

ג) בחלק השני של הקובץ ניתן התרגום האנגלי, שנערך ע"י הרה"ת שד"ב הלוי שי' וויינבערג והרה"ת דובער הכהן שי' בעל.

המערכת

כ"א אדר תשמ"ח
ברוקלין, נ.י.

_____

*) על אופן עריכת הספר — ראה לעיל בפתח דבר להוצאה הראשונה.

בע״ה

פתח דבר

(להוצאה הראשונה)

עפ״י הוראת כ״ק אדמו״ר שליט״א הננו מוציאים בזה לאור „קיצור דיני טהרה״, שבו באו בקיצור ובאופן תמציתי הלכות נדה עפ״י פסקי רבותינו נשיאנו רבינו הזקן והצ״צ וכו׳.

ההלכות המובאות בקובץ הן ההלכות היסודיות, ולא הובאו כל השאלות שעשויות להתעורר במקרים שונים (בע״ה יצא לאור קובץ נפרד שיעסוק בזה).

יש להדגיש כי הקובץ אינו יכול בשום פנים להוות תחליף ללימוד ההלכות בטעמיהן במקור ובפרט בשו״ע אדמו״ר הזקן, ומטרת הקובץ היא — להוות סיכום וקיצור ממה שילמד הלומד באריכות בספרי המקור, או להקנות עכ״פ ידיעה בסיסית בהלכות חשובות אלו, עבור אלו שעקב סיבה כלשהי קשה להם ללמוד את ההלכות במקורן.

הקובץ נערך ע״י חברי הכולל שע״י מזכירות כ״ק אדמו״ר שליט״א, באחריותו של הרה״ג הרה״ח הר״ר יוסף אברהם הלוי העלער שליט״א, ר״מ הכולל.

תודתינו נתונה להרה״ג והרה״ח הר״ר זלמן שמעון דווארקין (שליט״א) ז״ל, ראב״ד רבני אנ״ש וראש הכולל; הרה״ג הרה״ח הר״ר יצחק הכהן הענדל שליט״א, ראב״ד במונטריאל; והרה״ג הרה״ח הר״ר אברהם צבי הכהן שליט״א, ראש הכולל דכפר חב״ד, שעברו על הקובץ והעירו את הערותיהם החשובות.

בחלק השני של הקובץ ניתן תרגומו באנגלית. התרגום נערך ע״י הרה״ת הר׳ יוסף לאבנשטיין, והוגה ועובד ע״י הרה״ת הר׳ יוסף יצחק גורארי׳.

ויה״ר שהוצאת קובץ זה תגביר את הדיוק בקיום הלכות היסוד של עמנו, הלכות „טהרת המשפחה״, וזה ימהר ויחיש את קיום היעוד: „וזרקתי עליכם מים טהורים וגו׳״, בקרוב ממש, בביאת משיח צדקנו.

המערכת

כ״ד טבת, **ת**הי׳ **ש**נת **ג**אולת **מ**שיח
ברוקלין, נ. י.

קיצור
דיני טהרה

והוא

קיצור הל׳ נדה ע״פ פסקי רבותינו נשיאינו

•

נלקט ונסדר ע״י חברי "כולל מנחם"

שע״י מזכירות כ״ק אדמו״ר זצוקללה״ה נבג״מ זי״ע
מליובאוויטש

– הוצאה שביעית –

יוצא לאור על ידי
הוצאת ספרים „קה״ת"

770 איסטערן פארקוויי
ברוקלין, נ.י.
שנת חמשת אלפים שבע מאות וששים לבריאה